성난 불곰이 울부짖는다

내가 만난 재난 ⑨
성난 불곰이 울부짖는다 – 1967년 불곰의 공격

처음 펴낸 날 2021년 11월 5일 | **두 번째 펴낸 날** 2025년 3월 20일

글 로렌 타시스 | **그림** 스콧 도슨 | **옮김** 오현주
펴낸이 이은수 | **편집** 오지명, 최미소 | **디자인** 원상희
펴낸곳 초록개구리 | **출판등록** 2004년 11월 22일(제300-2004-217호)
주소 서울시 종로구 비봉2길 32, 3동 101호 | **전화** 02-6385-9930 | **팩스** 0303-3443-9930
인스타그램 instagram.com/greenfrog_pub

ISBN 979-11-5782-118-1 73840

내가 만난 재난 ⑨ 1967년 불곰의 공격

성난 불곰이 울부짖는다

글 **로렌 타시스** | 그림 **스콧 도슨** | 옮김 **오현주**

초록개구리

I SURVIVED: THE ATTACK OF THE GRIZZLIES, 1967 by Lauren Tarshis.
Text Copyright © 2018 by Dreyfuss Tarshis Media, Inc.
By arrangement with the Proprietor. All rights reserved.
Korean translation copyright © 2021 by Green Frog Publishing Co.
Korean translation rights arranged with Brandt & Hochman Literary Agents, Inc.
through Eric Yang Agency.

이 책의 한국어판 저작권은 EYA (Eric Yang Agency)를 통해 Brandt & Hochman Literary Agents, Inc.과
독점 계약한 초록개구리에 있습니다.
저작권법에 의하여 한국 내에서 보호를 받는 저작물이므로 무단 전재 및 복제를 금합니다.

차례

곰이 나타났다 · 7

가장 무서운 동물 · 11

글레이셔의 진짜 주인 · 20

초대받지 않은 손님 · 28

쾅! 쾅! 쾅! · 35

위험을 피하다 · 40

멜로디의 기억 · 45

통나무집을 찾아온 꽃 한 송이 · 50

공원 관리인 · 57

문제는 쓰레기 · 62

그래닛 공원 · 72

길고 슬픈 이야기 · 81

끔찍한 소문의 진실 · 87

계획을 시작하다 · 96

불곰 쇼 · 103

눈앞에 나타나다 · 109

딱, 딱, 딱, 딱 · 114

멜로디의 상처 · 118

슬픈 소식 · 125

시간이 흐르고 · 131

작가의 말 · 136

한눈에 보는 재난 이야기 · 140

곰이 나타났다

1967년 8월 8일 화요일 저녁 9시 30분
미국 몬태나주 글레이셔 국립 공원 내 그래닛 공원

크허어어어어어어엉!

커다란 곰이 분노에 차 으르렁거렸다. 쩍 벌린 입에서 침이 뚝뚝 떨어졌다. 날카로운 발톱이 번쩍거렸다. 멜로디 베가는 살기 위해 달렸다. 곰이 자신을 죽이려는 게 분명했다.

조금 전까지 멜로디는 글레이셔 국립 공원의 황홀한 자연에 둘러싸여 평화로운 밤을 보내고 있었다.

부엉이가 울고, 밤을 즐기는 벌레들이 달빛에 반짝였다.

하지만 그때 낯선 소리가 들렸다. 멜로디는 온몸에 소름이 돋았다.

커다란 발이 땅을 긁는 소리가 들렸다. 쌕쌕대는 숨소리와 낮게 으르렁거리는 소리가 들렸다.

멜로디는 먼 곳을 살펴봤다.

그리고 바로 그리즐리 불곰을 발견했다. 은갈색 털이 달빛을 받아 반짝였다.

멜로디는 공포에 질렸다. 하지만 가까스로 용기를 내 일어나, 죽을힘을 다해 달렸다. 몇 초 후에 불곰은 멜로디의 바로 뒤까지 따라붙었다. 쿵쿵 디디는 발에 땅이 갈라질 것만 같았다.

멜로디는 소나무 쪽으로 달리면서도 공포로 심장이 쿵쾅거렸다. 소나무는 작고 가늘었다. 하지만 멜로디가 살 수 있는 유일한 희망이었다. 멜로디는 곰이 나무 위로 못 올라오길 간절히 빌었다.

멜로디가 나무 위로 뛰어오른 순간, 곰은 겨우 한 발짝 아래에 있었다. 멜로디는 낮은 가지를 꽉 잡고, 다리를 번쩍 들어 올렸다. 다리가 공중에서 흔들렸다. 하지만 멜로디가 나무 위로 다 올라가기도 전에 곰이 뒷다리로 일어섰다. 곰은 커다란 앞발을 멜로디에게 휘둘렀다. 발톱이 멜로디의 다리를 파고들었다. 피가 뚝뚝 떨어졌지만, 어떻게든 멜로디는 고통을 참았다. 떨리는 손으로 가지를 꽉 쥐었다. 곰의 거친 위협에서 멀어지려 위로, 더 위로 올라갔다.

하지만 불곰은 포기하지 않았다.

나무둥치를 세게 치고, 나뭇가지를 잡아당기며 분노로 으르렁거렸다.

크으허어어어어어어어엉!

가느다란 나무가 흔들렸다. 나무도 멜로디처럼 공포에 떠는 것 같았다. 바로 그때, '쩍' 하는 소리가 났다. 멜로디가 잡고 있던 나뭇가지가 부러졌다.

멜로디의 몸이 뒤로 기울었다. 몸이 공중에 붕 떠서, 이리저리 부딪치며 바닥에 떨어지기까지 시간이 천천히 흐르는 것 같았다.

멜로디는 아래로, 아래로, 아래로 떨어졌다.

멜로디는 쩍 벌린 입과 날카로운 발톱으로부터 몸을 보호하려고 웅크렸다.

이제까지 글레이셔 국립 공원에서 사람을 죽인 불곰은 없었다.

적어도 오늘 밤까지는.

가장 무서운 동물

2일 전, 1967년 8월 6일 일요일 저녁 8시
글레이셔 국립 공원 내 맥도널드 호숫가

"멜로디 누나! 질문이 있어."

네 살짜리 동생 케빈이 물었다.

"해 봐."

멜로디가 대답했다.

둘은 통나무집 근처 물가에 앉아 있었다. 케빈은 멜로디의 무릎 위에 앉아 구운 마시멜로를 쩝쩝거렸다. 모닥불이 탁탁 소리를 내며 타고 있었다. 호수에 달빛이 비쳐 보랏빛으로 보였다.

"가장 사납고 무시무시한 동물이 뭐야?"

케빈이 물었다.

"여기 글레이셔에서?"

멜로디가 되물었다. 멜로디는 하나 남은 마시멜로를 한입에 꿀꺽 삼켰다.

케빈이 고개를 끄덕였다.

"불곰이지. 하지만 불곰을 놀라게만 하지 않으면 괜찮아."

멜로디가 말했다. 흔히 아는 사실이었다.

"불곰을 이길 수 있는 동물은?"

"음."

멜로디는 남동생을 누구보다 사랑했다. 하지만 녀석의 끊임없는 질문은 조금 짜증 날 때가 있었다.

"퓨마는 어때?"

"글쎄."

멜로디가 대답했다. 모닥불을 멍하니 바라봤다.

"늑대는?"

"아닐걸."

"코요테?"

"아닌 것 같은데."

"나 알아! 울버린이야!"

케빈이 흥분하며 말했다. 울버린은 작은 곰처럼 생긴 데다 사납긴 하지만 사실 족제빗과에 속했다. 울버린이 불곰과 싸울 수 있을지 멜로디도 알 수 없었다.

다행히 그때 할아버지가 통나무집 밖으로 걸어 나왔다. 할아버지의 작업 부츠가 자갈 섞인 모래밭 위에서 사각거리는 소리를 냈다.

"누가 울버린 얘기를 꺼냈지? 내가 늑대 세 마리한테서 사슴을 빼앗는 울버린을 본 적 있지. 울버린은 여우보다 작지만 겁이 없지. 겁이 전혀 없어."

멜로디와 케빈의 옆에 앉으며 할아버지가 말했다. 멜로디의 무릎에 앉아 있던 케빈이 벌떡 일어났다.

"울버린이 불곰을 이겨요?"

"아니, 불곰이 가장 세지. 하지만 분명히 울버린이 더 사나울걸!"

할아버지가 고개를 저으며 말했다.

"나처럼!"

　케빈이 작은 목소리로 으르렁거리며 말했다. 이를 드러내며, 발톱이라도 되는 듯 끈적끈적한 손을 구부렸다. 그러고는 깔깔거리며 할아버지에게 폭 안겼다.
　별이 반짝이는 하늘까지 웃음소리가 퍼져 나갔다. 그 순간만큼은 멜로디도 여느 때처럼 행복한 방학을 보내는 척할 수 있었다.

하지만 전과 같을 수는 없었다. 멜로디는 다시는 그런 행복한 기분을 느낄 수 없을 거라고 생각했다. 아빠는 위스콘신주에 있는 집으로 돌아갔다. 올해 일을 더는 미룰 수 없었기 때문이다.

그리고 엄마는……

엄마는 멀리 가 버렸다. 지난 12월에 엄마가 차 사고로 돌아가셨다.

멜로디는 심장이 모두 터져 버릴 정도로 가슴이 아팠다. 멜로디가 눈물을 애써 참으며 벌떡 일어섰다.

"금방 올게요."

할아버지와 케빈에게 이렇게 말하고, 멜로디는 통나무집으로 향했다. 우는 모습을 들키기 싫었다.

멜로디는 올해 글레이셔에 오고 싶지 않았다. 하지만 할아버지는 늘 하던 대로 하자고 했다. 멜로디는 여름마다 동생 케빈과 함께 2주씩 글레이셔에 오곤 했다. 할아버지는 엄마도 멜로디와 케빈이 이곳에 있길 바랄 거라고 말했다.

아빠도 같은 생각이었다. 아빠는 멜로디에게 말했다.

"멜로디, 너 글레이서 정말 좋아하잖아. 거기 가면 기분이 나아질 거야."

그 '나아질' 거라는 말은 멜로디가 방에 혼자 틀어박히지 않고 다른 걸 하고 싶어질 거라는 뜻이었다. 친구를 만나거나 소프트볼을 하거나 볼링을 치러 가거나……. 그 어떤 것이라도 말이다.

하지만 멜로디는 기분이 나아지고 싶지 않았다. 기분이 나아질 자격도 없었다. 엄마가 돌아가신 건 전부 멜로디의 탓이기 때문이었다.

멜로디는 12월 눈 오던 밤을 떠올리며 통나무집 문을 열었다.

그날, 친구 테레사가 자기네 집에서 놀다가 자고 가라고 했다. 엄마는 멜로디에게 길이 얼어 운전하기 위험해서 안 된다고 했다. 멜로디는 조르고 또 졸랐다. 결국 눈이 그치자 엄마는 멜로디를 데려다주기로 했다.

둘은 차를 타고 도로로 들어섰다. 하늘은 맑았고, 땅에 쌓인 눈이 반짝거렸다. 엄마는 노래를 부르기 시작했다.

"리, 리, 리 자로……."

멜로디도 함께 노래를 부르기 시작했다. 아주 어릴 때부터 엄마와 함께하던 장난이었다. 차에 둘만 남을 때마다 노래를 불렀다. 노래가 우스꽝스러울수록 더 재밌었다.

커브 길에 들어설 때도 둘은 노래를 부르고 있었다. 그때 차가 도로 위 빙판과 마주쳤다. 차가 빙글빙글 돌더니 도로에서 미끄러졌다.

차가 운전석 쪽으로 나무에 들이받혔다.

모든 게 몇 초 만에 벌어졌다.

멜로디는 부엌 의자에 앉았다. 아빠가 틀렸다. 글레이셔에 있으니 멜로디는 마음이 더 아팠다. 여기 있는 모든 것들이 엄마를 떠올리게 했다. 반짝이는 맥도널드 호수도, 향긋한 공기도, 소나무에 앉은 새소리도.

모두 엄마가 좋아하던 것들이었다. 멜로디도. 멜로디네 가족이 이 통나무집과 함께한 지 벌써 60년이 넘었다. 할아버지와 아빠는 글레이셔가 유명한 국립 공원이 되어 붐비기 훨씬 전에 이 통나무집을 지었다.

멜로디가 주위를 둘러봤다. 통나무집은 그때나 지금이나 변한 게 없었다. 여전히 작은 방 네 개와 현관 앞 베란다가 전부였다. 전기도, 수도도 없었다. 멜로디네 가족은 작은 야영용 침대에서 잠을 잤고, 손전등에 의지해 책을 읽었다. 커다란 나무통에 빗물을 받아서 썼다. 화장실은 집 바깥에 따로 있었다.

하지만 엄마는 늘 이야기했다. 로키산맥이 자리 잡은 4,000제곱킬로미터짜리 땅이 뒷마당인데 이보다 호화로운 집이 어디에 있겠냐고.

글레이셔 공원 안의 어디를 보든 눈을 번쩍 뜨이게 하는 것들이 가득했다. 청록빛으로 반짝이는 호수, 폭포수가 떨어지는 절벽, 하늘까지 치솟은 설산.

멜로디는 위스콘신주에 있는 집으로 돌아가, 어두운 방에 틀어박혀 모든 것을 잊고 싶었다.

"누나! 할아버지가 다른 이야기 해 주신대! 빨리 와!"

케빈이 우렁차게 불렀다. 멜로디는 숨을 크게 한 번 내쉰 다음, 바깥으로 나갔다. 케빈을 속상하게 하고 싶지 않았다.

"자, 울버린보다 훨씬 무서운 동물 이야기를 해 주마. 나한테는 말이다. 이 못된 놈이 어느 날 밤에 날 공격했거든."

할아버지가 말했다. 케빈의 눈이 동그래지더니 이내 멜로디의 무릎 위로 다시 올라왔다.

"그 얘기 들을래요, 할아버지!"

"아, 안 되겠다. 너희를 겁주고 싶진 않구나."

할아버지가 마음을 바꾼 체하며 말했다.

"전 겁 안 먹어요, 할아버지! 저는 정말, 정말 용감하다니까요!"

케빈이 소리쳤다. 멜로디는 웃으며 케빈을 꽉 끌어안았다. 케빈이 내는 시끄러운 소리가 없는 건 상상이 안 됐다.

"좋아, 나중에 딴말하기 없기다."

할아버지가 말했다.

글레이셔의 진짜 주인

"아주 오래전 일이란다. 그때 내가 열 살쯤이었을 거야."
할아버지가 이야기를 시작했다.

멜로디는 모닥불에 비쳐 밝게 빛나는 할아버지의 얼굴을 봤다. 흰머리, 흰 수염, 낡은 지도처럼 자글자글한 피부. 할아버지도 멜로디처럼 어렸던 적이 있다는 게 믿어지지 않았다. 하지만 통나무집 벽에 걸린 오래된 사진 속에는 어린아이 시절의 할아버지가 있었다. 짧게 깎은 머리에 주근깨가 나 있는 그 남자아이는 호수에서 잡은 듯한 커다란 송어를 자랑스레 들고 있었다.

"숲을 지나고 있었지. 호수 위쪽으로 800미터쯤 떨어진 곳이었을 거야. 여기서 그리 멀지 않았어. 휘파람을 엉망으로 불고, 손전등을 이리저리 흔들면서 통나무집으로 돌아오던 중이었지. 경계심이 전혀 없었어……. 그때 바로 앞에서 한 번도 들어 본 적 없는 시끄러운 소리가 들렸어."

할아버지가 몸을 앞으로 슬쩍 기울였다.

"이런 소리였어."

할아버지는 이를 부딪쳤다. 딱, 딱, 딱, 딱, 딱, 딱.

"악어였어요?"

케빈이 물었다. 녀석은 악어를 정말 좋아했다. 대부분 아이들이 곰 인형을 좋아하는데, 케빈은 캐시 이모가 사다 준 배나온 악어 인형을 안고 잠들었다.

"쉿."

멜로디가 부드럽게 말했다. 할아버지는 조용히 속삭였다.

"걸음을 멈추거나 천천히 가거나 아니면 다른 길을 찾았어야 했어. 하지만 정말이지 나는 바보처럼 아무 생각 없이 걸었지 뭐냐. 그때 갑자기, 확! 뭔가가 내 종아리를 공격했어. 난생 처음 겪는 고통이었어. 그때나 지금이나 말이다. 그놈은 도망쳐 버렸지. 모습도 제대로 못 봤어. 난 그루터기에 걸터앉아 손전등으로 다리를 비춰 봤지. 이상한 자국이 있었는데…… 길고 검은 바늘 수십 개가 내 종아리 근육에 깊게 박혀 있었어. 그제야 알았지. 어떤 놈이 날 공격했는지."

"어떤 놈이었는데요?"

케빈이 울먹이며 물었다. 할아버지는 멜로디를 보고 눈썹을 찡긋했다. 멜로디는 이 이야기를 백 번쯤 들었다.

"호저였어."

멜로디가 말했다.

"호저?"

케빈이 찡그리며 되물었다. 그러고는 자그마한 팔로 팔짱을 꼈다.

"할아버지! 호저는 무서운 동물이 아니잖아요!"

"누가 그러냐? 동물들은 다 호저를 무서워해."

할아버지가 단호한 목소리로 대답했다. 할아버지는 호저 한 마리의 몸에 3만 개도 넘는 굵은 가시가 있다고 했다. 그 가시는 호저를 적, 특히 호저를 먹어 치우려는 커다란 동물들로부터 보호했다. 가시 하나가 작은 화살처럼 두껍다고 했다. 뭔가가 호저를 물려고 하면 호저는 공격하는 동물의 주둥이를 가시로 찔러 버렸다. 그게 뭐든 말이다. 호저는 크게 화나거나 위협을 느낄 때, 꼬리를 한 번 내리쳐서 가시 수십 개를 적의 살에 깊이 꽂아 버렸다.

그런데 그 일이 할아버지한테 일어난 것이다.

"엄마가 깊이 박힌 가시 수십 개를 집게로 꺼내 주셨지. 세 시간이나 걸렸지 뭐냐. 너무 아파서 잠깐 기절도 했단다."

할아버지는 아직도 아픈 것처럼 움찔하며 말했다.

케빈이 화를 내며 씩씩거렸다.

"그 호저 정말 싫어요, 할아버지!"

"오, 이런. 호저가 잘못한 게 아니란다. 녀석은 그저 자기를 보호하려 했을 뿐이야. 나한테 경고도 했지. 그 '딱, 딱, 딱, 딱' 소리가 '나 여기 있으니까 저리 가!'라는 뜻이었어. 하지만 나는 그 숲을 혼자 쓰는 것처럼 돌아다녔잖니. 녀석을 존중하지 않았던 거야."

자연을 존중하는 것. 그건 할아버지에게 매우 중요했다.

엄마 역시 그랬다. 엄마는 글레이셔의 진짜 주인이 동물들이라고 말했다. 멜로디에게 늘 "우리는 이곳에 온 손님일 뿐이야."라고 말했다.

엄마와 할아버지는 공원이 사람들로 붐비기 시작하자 걱정했다. 몇몇 사람들은 산행이나 야영을 할 때 지켜야 할 것들을 전혀 몰랐다. 사람들이 산책로에 쓰레기를 버릴 때마다 엄마는 화를 냈다. 엄마의 성격은 때때로 불같은 면이 있었다. 멜로디가 그렇듯이.

"저기요! 뭘 떨어뜨리신 것 같네요."

엄마는 그 사람이 버린 빈 병, 초콜릿 껍질을 건네며 이렇게 소리쳤다.

"다른 이야기 해 주세요, 할아버지. 울버린이요. 아니 늑대, 아니 호랑이, 악어 아니면……."

케빈이 졸랐다. 할아버지가 웃었다.

"오늘은 이만하자꾸나."

할아버지가 천천히 일어나며 말했다. 뻣뻣한 무릎에서 뚜두둑 소리가 났다.

"잊지 마라, 내일 캐시 이모가 오기로 했잖아. 아침 식사 후에 바로 올 거다."

"와!"

케빈이 신이 나 외쳤다. 캐시 이모는 엄마와 가장 친한 친구였다. 캐시 이모는 여름마다 글레이셔에 와서는 며칠씩 머물다 갔다. 작년에 멜로디는 멋진 빨간색 자동차를 끌고 나타날 이모를 손꼽아 기다렸다. 하지만 지금은 엄마를 떠올리게 하는 기억일 뿐이다. 멜로디는 다시 슬퍼졌다.

케빈이 멜로디의 무릎에서 내려와 통나무집으로 날쌔게 뛰어갔다.

"달리기 시합해요, 할아버지!"

케빈이 할아버지를 불렀다.

"모닥불 좀 꺼 주겠니, 멜로디?"

할아버지가 물었다. 그러고는 몸을 돌려 휘청휘청 케빈을 따라 달렸다.

"지금 간다! 호저를 데리고 갈 거야!"

케빈은 즐겁게 소리를 질렀다. 두 사람이 어둠 속으로 사라졌다. 잠시 후 멜로디는 현관문이 삐걱거리다 쿵 하고 닫히는 소리를 들었다.

멜로디는 호수에서 물을 떠 모닥불에 붓고, 그을린 통나무 땔감은 삽으로 뜬 모래로 덮었다. 아무리 작은 불씨라도 순식간에 나무까지 번져 큰불이 될 수 있다. 실제로 공원의 북쪽에 열 군데 넘는 곳에서 작은 불씨 때문에 산불이 났다.

지금까지도 소방관들은 산불이 번지는 것을 막고 있었다. 하지만 바람이 많이 부는 밤이면 어떻게 될지 몰랐다. 특히 8월처럼 덥고 건조한 날은 더욱 위험했다.

멜로디는 불씨를 확실하게 끄기 위해 모래를 더 떠서 덮었다.

불꽃이 점점 사그라드는 걸 보면서 멜로디는 삽에 기댄 채로 잠시 서 있었다. 하늘의 별을 바라봤다. 여기서는 밀워키에 있는 집에서 볼 때보다 별이 훨씬 많이 보였다.

그리고 멜로디는 뭔가…… 이상하다고 생각했다. 주위가 너무 조용했다. 부엉이 울음조차 안 들렸다. 밤에 윙윙대는 벌레들도 없었다. 숲 전체가 숨을 멈춘 것 같았다.

바로 그때, 잔가지가 툭 부러지는 소리가 들렸다. 나뭇잎이 바스락거렸다. 거칠게 쌕쌕거리는 숨소리도 들렸다.

멜로디는 팔에 소름이 돋았다. 멜로디 혼자가 아니었다. 근처에 뭔가가 있었다. 뭔가 엄청나게 큰 게.

초대받지 않은 손님

숲을 봤지만 아무것도 보이지 않았다. 어두울 뿐이었다.

멜로디는 무서움을 떨쳐 내려고 삽을 내려놓았다. 두려워할 이유가 전혀 없었다. 글레이셔는 범죄가 없는 곳이다. 할아버지는 심지어 통나무집의 문을 잠그지도 않았다. 가장 두려운 일은 스컹크가 집 안으로 숨어들어 곳곳에 냄새를 남기는 것뿐이었다.

멜로디는 통나무집 쪽으로 걸음을 옮겼다.

바로 그때 낯선 소리가 들렸다.

크흐흐흐흐ㅇㅇㅇㅇ.

처음에는 천둥소리인가 싶었다. 하지만 하늘은 구름 한 점

없이 맑았다.

크흐흐흐흐ㅇㅇㅇㅇ.

멜로디는 그 자리에 멈춰 섰다. 심장이 두근거렸다. 뛰어가야 할까? 가만히 있어야 할까? 저기에 뭐가 있는 거지?

멜로디는 할아버지가 해 준 호저 이야기를 떠올렸다. 이 동물도 멜로디한테 저리 가라고 신호를 보내는 걸까? 멜로디는 침을 꿀꺽 삼킨 후에 천천히 뒤돌아봤다.

그 순간, 멜로디는 자리에 얼어붙었다. 거대한 동물의 그림자가 숲 가장자리를 맴돌고 있었다. 잠시 후, 어둠 속에 있던 동물이 달빛 아래 모습을 드러냈다.

멜로디는 숨이 턱 막혔다. 놈은 어두운 눈동자에 털이 덥수룩했다. 멜로디는 양어깨 사이에 솟은 혹을 보고 놈이 무슨 동물인지 알아차렸다.

불곰이었다.

멜로디는 눈을 깜빡였다. 케빈의 상상 속이라면 모를까 말도 안 되는 상황이었다.

하지만 눈앞에 정말 불곰이 있었다. 멜로디는 마음속으로

비명을 질렀다.

'달려! 달려!'

하지만 그 소리는 머릿속으로만 맴돌았다. 멜로디는 달리지도, 비명을 지르지도 않았다. 그렇게 했다가는 불곰이 멜로디를 쫓아올 게 뻔했다. 그리고 멜로디를 공격할 것이다.

엄마가 늘 이야기했다. 끊임없이, 계속, 여러 차례. 불곰이 공격하는 일은 매우 드물다고. 글레이셔에서 불곰 때문에 목숨을 잃은 사람은 없다고 말했다. 사실 여기 온 사람들은 대부분 불곰을 본 적이 없었다. 몇 주 동안 불곰을 찾아 헤매던 사람도 좀처럼 불곰을 만날 수 없다고 했다. 하지만 엄마는 멜로디에게 항상 모든 것에…… 대비해야 한다고 했다.

멜로디는 엄마가 가르쳐 준 대로 했다. 불곰이 뒷발로 천천히 일어서자 멜로디는 곰의 눈을 보지 않았다. 곰을 위협한다는 느낌을 주지 않기 위해서였다. 시선을 땅에 내린 채, 서서히 통나무집 쪽으로 뒷걸음쳤다. 정말 천천히.

그러고는 곁눈질로 살폈다. 불곰이 다시 네 발로 몸을 낮춰 있었다. 그리고 멜로디를 뚫어져라 봤다. 으르렁거리는 소리가 귀를 울렸다.

 한 걸음 한 걸음, 떨리는 다리로 멜로디는 계속 뒷걸음쳤다. 얼마 안 되는 거리였지만 통나무집까지 몇 시간은 걸린 것 같았다.

 멜로디는 멈추지 않았다. 집 앞에 닿자마자 재빨리 뒤돌아섰다. 그리고 무너지기 직전인 나무 계단을 올라 현관까지, 말 그대로 뛰어갔다.

 집 안으로 쏜살같이 들어가 무거운 나무 문을 세게 닫고 등을 기대어 섰다.

 "멜로디니?"

 할아버지가 물었다. 할아버지와 케빈은 바로 앞 소파에 앉아 있었다. 할아버지는 케빈을 재우기 전에 동화책을 읽어 주고 있었다.

 "무슨 일이니?"

 멜로디는 아무 말도 하지 않았다. 문에 난 창문으로 밖을 내다보기만 했다. 밖은 매우 어두웠다. 현관에는 달빛만 가득할 뿐 아무것도 보이지 않았다. 마음이 놓이자 멜로디는 다리가 후들거리기 시작했다. 곰이 멜로디를 따라오지 않았다.

멜로디는 뒤돌아 할아버지와 눈을 마주쳤다.

"제가 고, 곰을…… 불곰을 봤어요."

멜로디가 더듬거렸다. 할아버지는 책을 덮어 탁자 위에 놓았다.

"어디서 말이냐?"

"바로 앞에서요! 숲에서 나와 물가까지 다가왔는데……. 여기까지 절 따라올 것 같았어요."

할아버지가 믿을 수 없다는 표정을 지었다.

"정말이니? 불곰은 사람을 괴롭히지 않아. 너도 알잖니."

"네, 저도 아는데……."

멜로디가 말을 꺼내자 케빈이 끼어들었다.

"나도 불곰 보고 싶어!"

케빈이 소파에서 뛰어내렸다. 말릴 틈도 없이 케빈이 문을 세게 열어젖혔다.

그런데 바로 거기, 현관 앞에 불곰이 서 있었다. 네 발로 서서 케빈을 빤히 보고 있었다.

"케빈!"

멜로디는 동생을 잡아당기고, 발로 문을 차서 닫았다.

다들 충격에 몸이 얼어붙어 잠시 동안 그대로 서 있었다.

멜로디는 진정이 되지 않았다. 케빈을 꽉 잡은 채로 문으로 한 걸음 다가갔다. 할아버지도 밖을 내다보려고 벽에 기대어 섰다. 곰은 아직 거기에 있었다. 땅에 대고 쿵쿵 냄새를 맡으며, 이리저리 서성이고 있었다.

"저 곰 이상하구나. 봐라, 깡말랐어."

할아버지 말이 맞았다. 곰은 몸집이 컸다. 하지만 연갈색 코트가 뼈에 걸려 있는 것처럼 깡말라 보였다. 놈의 털 위로 등뼈가 솟아 있었다.

케빈이 손을 뻗어 창문을 두드렸다.

"야, 곰아! 이봐, 곰아!"

"안 돼, 케빈. 하지 마!"

멜로디가 재빨리 케빈의 손을 잡았다.

하지만 너무 늦었다.

곰이 고개를 들어 잠시 바라보더니 서서히 뒷발로 일어섰다. 그러고는 마치 코브라를 내리칠 때처럼 엄청 빠르게 문으로 돌진했다. 커다란 앞발이 창유리를 부수고, 케빈의 얼굴 쪽으로 쑥 들어왔다.

쾅! 쾅! 쾅!

곰의 발톱이 허공을 가르는 걸 보고 멜로디는 한 발 물러섰다. 다행히 케빈의 얼굴을 비껴갔다. 깨진 유리 조각이 멜로디의 팔에 박혔다. 하지만 아픔을 느낄 틈조차 없었다.

멜로디의 시선은 불곰의 앞발에 고정돼 있었다.

곰은 문에 난 창문에 앞발을 넣어, 눈에 띄게 하얀 발톱을 휘저었다. 발톱 하나가 7~8센티미터는 돼 보였다. 저 발톱이 멜로디와 케빈의 피부를 스치면 어떻게 될까. 아니다, 상상을 하지 말자.

이 정도로 위협이 되지 않는다고 여겼는지, 불곰은 창문으로 얼굴을 거칠게 들이밀었다. 케빈이 비명을 질렀고 멜로디

는 물러서다가 발을 헛디뎌 비틀거렸다. 곰은 오래돼 삐걱거리는 문을 앞발로 내리치기 시작했다. 침으로 범벅이 된 입을 크게 벌렸다 다물었다. 곰의 뜨거운 입김이 멜로디의 코까지 닿았다. 멜로디는 코를 막았다. 썩은 고기와 토사물 냄새가 났기 때문이다.

할아버지가 멜로디의 팔을 꽉 잡고 잡아당겼다.

"가 버려!"

할아버지가 불곰에게 소리쳤다. 멜로디는 할아버지가 그렇게 크게 소리치는 걸 처음 봤다. 그런데 어쩐 일인지 할아버지의 호통이 먹힌 듯했다.

곰이 머리를 문밖으로 뺐다. 순간, 주위가 고요해졌다.

하지만 바로 그때, 쾅!

곰이 몸통으로 문을 들이받자, 통나무집이 흔들거렸다.

쾅! 쾅! 쾅!

나무 문이 삐걱거리더니 '쩍' 하고 갈라졌다.

쾅!

전등이 바닥으로 떨어졌다.

쾅!

할아버지의 어린 시절이 담긴 액자도 바닥으로 떨어졌다.

와장창!

곰이 또다시 문을 들이받기 전, 아주 커다란 손톱으로 칠판을 긁는 것 같은 소름 끼치는 소리가 들렸다. 곰이 발톱으로 통나무집을 긁는 소리였다.

케빈은 겁에 질려 멜로디의 목에 얼굴을 파묻은 채 훌쩍거렸다. 멜로디는 동생을 꽉 안았다. 불곰이 집 안으로 들어오면 어쩌지?

멜로디는 맞서 싸울 만한 게 있는지 찾으려고 작은 방 안을 정신없이 둘러봤다. 하지만 아무것도 없었다. 권총으로 불곰을 가까이서 쏜다고 해도, 제때 행동을 멈추게 할 수 있을지 확신이 없었다.

불곰이 들어오면 모두가 불행한 결말을 맞게 될 것이다.

할아버지가 갑자기 식탁 위에 있던 식사 종을 날쌔게 집어 올렸다. 놋쇠로 만든 커다란 종이었다. 할아버지는 깨진 창문 바로 앞에서 종을 세게 흔들었다.

딸랑! 딸랑! 딸랑!

종소리에 귀가 먹먹했다. 케빈은 손으로 귀를 틀어막았다.

모두들 자리에 가만히 서 있었다. 1초, 2초, 5초, 문에서 다시 쾅 소리가 나길 기다렸다. 하지만 아무 소리도 나지 않았다. 멜로디는 숨을 꾹 참았다. 할아버지는 발을 꼭 붙인 채로 종을 더 높이 들고 흔들었다.

1분이 지났다.

마침내 할아버지가 종을 내려놓고 한숨을 내쉬었다. 깨진 창문 사이로 밖을 살폈다.

"이제 갔다."

할아버지가 말했다. 멜로디가 걸어가 밖을 봤다. 할아버지 말이 맞았다. 이제 곰은 보이지 않았다.

하지만 끔찍했던 악취는 여전히 방 안에 가득했다.

위험을 피하다

"이제 어쩌죠?"

멜로디가 할아버지에게 물었다.

할아버지는 멜로디의 팔에 박힌 유리 조각을 빼는 중이었다. 상처가 깊어서 피가 배어 나왔다.

"공원 관리인한테 알려야겠구나. 관리소가 가깝지만, 그래도 아침 일찍 전화하는 게 낫겠어."

"관리인들이 뭘 해 줄까요?"

"곰 잡는 함정을 설치하겠지. 곰을 잡아서 자연으로 돌려보내 줄 거야."

멜로디의 팔에 조심스레 반창고를 붙이며 할아버지가 말

했다.

말썽 일으키는 곰을 잡는 데 쓰는 특별한 트레일러가 있다고 했다. 관리인들이 그 트레일러를 차에 연결해, 곰이 마지막으로 나타난 장소로 끌고 갈 것이다. 그 다음, 트레일러 안에 사슴 고기를 미끼로 넣어 곰을 유인한다. 곰이 미끼를 먹으러 다가오는 순간, 쾅! 곰 뒤에서 문이 닫히는 동시에 잠긴다. 그러면 공원 관리인들이 트레일러를 야영지나 산책로에서 멀리 떨어진 공원의 야생 지대로 끌고 간다. 그런 다음 곰을 그곳에 풀어 주고 돌아오는 것이다.

"불곰이 다시 오면 어쩌죠?"

"그러진 않을 거다."

할아버지가 말했다. 하지만 눈동자가 흔들렸다. 할아버지도 확신할 수 없었다.

멜로디는 할아버지를 도와 깨진 창문을 치우고 싶었다. 하지만 케빈을 돌봐야 했다. 이 작은 아이는 온몸을 벌벌 떨고 있었다. 케빈은 멜로디의 야영 침대 안에 있었다. 얼굴은 눈물범벅이었다.

"미안해, 누나! 내가 곰을 화나게 했어!"

멜로디가 케빈을 안아 줬다.

"아니야, 케빈. 네 잘못이 아니야."

멜로디는 침착하게 말하려 애썼다. 남매에게 놀랄 일이 생길 때마다 엄마는 늘 침착했다.

"넌 아무것도 잘못한 게 없어."

몇 분 후에 케빈의 흐느낌이 잦아들었고, 멜로디는 케빈에게 담요를 덮어 줬다. 멜로디는 늘 기분 좋게 해 줬던 엄마의 차분한 말을 떠올렸다.

"그래, 너도 잘 잤니?"

집 바깥에서 박쥐를 봤을 때 엄마는 그렇게 말했다. 그리고 거대한 너구리가 통나무집 모퉁이에 서 있을 때도 그랬다. 너구리는 우릴 보며 씩씩거렸다. 그때도 엄마는 너구리에게 그렇게 말했다.

엄마 덕분에 멜로디와 케빈은 자연에 감사할 줄 아는 사람으로 컸다. 엄마는 다이아몬드 반지보다 반짝거리는 초록색 딱정벌레를 아름답게 여겼다. 거미줄은 전부 예술 작품이

나 다름없다고 했다.

하지만 그런 엄마라도 오늘 밤은 운이 좋다는 생각을 못 할 것이다. 곰이 우리를, 심지어 할아버지까지 위협했다. 사실 멜로디는 케빈이 자신과 함께 자겠다 했을 때 안심했다. 멜로디가 오히려 케빈에게 바짝 다가갔다. 그래야 안심이 될 것 같았다. 잠시 후, 케빈이 멜로디의 목을 꽉 끌어안은 채로 잠들었다.

멜로디는 할아버지가 집 안에서 이리저리 움직이는 소리를 들었다. 할아버지는 벌써 깨진 창문에 나무판자를 대어 못을 박아 놓았다. 지금은 바닥에 떨어진 유리 조각을 쓸고 있었다.

멜로디는 눈을 감고 잠을 청했다. 하지만 머릿속에는 곰이 공격하던 순간이 끊임없이 떠올랐다. 멈추지 않는 슬라이드 쇼 같았다.

정말이지 말도 안 된다. 불곰은 이렇게 행동하지 않는다. 그런 고약한 냄새를 풍기지도 않는다. 적어도 멜로디가 아는 불곰들은 그랬다.

멜로디는 살면서 딱 한 번 불곰을 본 적 있었다. 케빈이 바로 옆에서 쌔근거리는 동안, 멜로디는 잊지 못할 그날의 기억을 떠올렸다.

멜로디의 기억

2년 전 여름이었다. 멜로디와 엄마는 가장 좋아하는 산길을 따라 걷고 있었다. 길에는 둘뿐이었다. 아빠는 통나무집에서 케빈을 돌보고 있었고, 할아버지는 오래전부터 무릎이 아팠다. 엄마랑 둘이 있을 때 멜로디는 항상 기분이 좋았다.

둘은 흐르는 계곡물을 따라 걷고 있었다. 그때 갑자기 엄마가 당황한 게 느껴졌다. 멜로디는 걱정스레 바라보는 엄마의 시선을 따라 계곡 너머를 봤다. 나무 아래에, 커다란 곰이 옆으로 누워 있었다. 자는 듯 보였다.

3미터나 떨어진 곳에서 보는데도 불곰이 분명했다. 흑곰과 달리, 양어깨 사이에 혹이 있는 게 보였다.

둘을 구별하는 건 중요했다. 불곰은 흑곰보다 훨씬 공격적이고 힘이 세기 때문이다. 그래도 불곰이 공격하는 일은 매우 드물었다. 놀라거나 위협을 당할 때만 공격했다. 자고 있던 불곰이 깨자마자 멜로디와 엄마가 서 있는 것을 보면 매우 놀랄 것이다. 심지어 위협을 느낄 수도 있었다.

이 곰은 어째서 사람이 가까이 온 걸 모르는 걸까?

엄마와 멜로디는 산에 갈 때마다 큰 소리를 내며 걸었다. 불곰이 사는 지대의 규칙 1호였다. 곰을 놀라게 하지 않기 위해 되도록 시끄럽게 해야 한다. 엄마와 멜로디는 큰 소리로 이야기했다. 노래를 부르고 손뼉을 쳤다. 글레이셔에서 가장 시끄럽게 걷는 사람들이었다.

그런데 이 불곰은 왜 깨지 않았을까?

엄마는 금방 이유를 알았다.

"멜로디, 곰이 죽었어."

엄마는 멜로디의 팔을 붙잡고 말했다. 그제야 멜로디는 곰의 눈을 제대로 쳐다볼 수 있었다.

곰은 두 눈을 크게 뜬 채 어딘가를 바라보고 있었지만 깜

빡임은 전혀 없었다.

둘은 잠시 그곳에 서 있었다.

"가자, 가서 살펴보자."

엄마가 말했다. 둘은 계곡을 건너 곰 옆에 꿇어앉았다. 멜로디는 두려움과 흥분으로 온몸이 떨렸다. 글레이셔에서 가장 무시무시한 생물을 가까이서 보는 건 일생일대의 기회였다.

덥수룩한 갈색 털 군데군데 회색 털이 보이는 몸은 거대했다. 멜로디는 불곰이 둥근 귀, 반짝이는 검은색 코, 거대한 주둥이를 가졌다는 걸 배웠다. 엄마는 곰의 볼에 볼록한 부분을 가리켰다. 불곰이 철도 씹어 먹을 정도로 턱 힘이 강력한 건 볼의 근육 덕분이었다.

"얼마나 멋진 동물이니."

엄마가 고요히 말했다. 마치 미술관이나 교회에 와 있는 듯했다.

"많이 늙었네. 이빨을 보면 알 수 있단다."

곰은 안이 다 들여다보일 정도로 입을 벌리고 있었다. 이빨은 많이 닳거나 깨져 있었다. 긴 이빨, 그러니까 송곳니 네 개 중 하나는 이미 사라지고 없었다.

멜로디는 곰의 옆구리에 가만히 손을 올려 보았다. 손목까지 반짝이는 털로 뒤덮여 멜로디의 손이 보이지 않았다.

조금 무섭기도 했지만, 멜로디가 가장 놀란 건 불곰의 발이었다. 정말 거대했다. 발바닥은 시커먼 패드를 대고 등은 털로 뒤덮은 야구 글러브 같았다. 불곰이 얼마나 힘이 센지 멜로디는 잘 알았다. 앞발을 한 번 휘두르면 말코손바닥사슴처럼 커다란 동물도 쓰러질 정도였다. 발톱은…… 길고 하얀 데다 약간 굽어 있었다. 멜로디가 손가락으로 끝을 살짝 만져 봤다. 강철같이 단단한 느낌이었다.

엄마와 멜로디는 한참이나 곰과 함께 있었다. 해가 질 무렵까지 그 자리에 있었다. 둘은 떨어진 솔가지를 최대한 많이 모아 불곰을 조심스럽게 덮어 줬다. 함께 기도한 뒤, 자연의 쉼터에 곰을 두고 돌아왔다.

"절대 잊지 못할 거 같아."

그날 엄마가 말했다.

엄마 말이 맞았다. 멜로디는 그날의 사소한 하나까지 세세히 기억했다.

그날 본 불곰은 흉악한 짐승처럼 보이지 않았다. 오히려 아름다웠다. 글레이셔의 호수나 폭포처럼 말이다.

조금 전 통나무집을 공격한 괴물과는 전혀 달랐다.

통나무집을 찾아온 꽃 한 송이

1967년 8월 7일 월요일 아침
통나무집

멜로디는 달걀 요리와 토스트 냄새에 눈을 떴다.

케빈은 자리에 없었다. 너무 많이 먹었는지 배가 나온 악어 인형을 멜로디 옆에다 눕혀 놓고 사라졌다. 멜로디는 청바지와 티셔츠를 찾아 입고, 살며시 부엌으로 갔다. 케빈은 아침을 다 먹고 그림을 그리느라 바빴다.

"봐 봐, 누나! 이건 나랑, 못된 불곰을 박살 낼 내 친구 울버린이야!"

케빈이 큰 소리로 말했다.

멜로디는 케빈에게 뽀뽀해 주고, 어깨 너머로 동생의 서툰 그림을 봤다. 어쩌면 케빈은 지난밤의 공포를 신나는 모험으로 바꾸어 버린 듯했다. 멜로디는 자신도 차라리 어린아이로 돌아갔으면 싶었다.

할아버지 역시 피곤해 보였다. 눈은 붙이셨을지 의문이었다. 하지만 할아버지는 스크램블드에그와 버터 향 가득한 토스트를 접시에 담아 가져다주며 웃었다.

그때 문 두드리는 소리가 들렸다. 다들 움찔 놀랐다. 뒤이어 익숙한 목소리가 "안녕!" 하고 모두를 불렀다.

"캐시 이모다!"

케빈이 신나서 말했다.

"들어와라!"

할아버지가 대답했다.

잠시 후, 문이 활짝 열리고 캐시 이모가 모습을 드러냈다. 노란색과 분홍색이 섞인 원피스를 입고 초록색 여행 가방을 손에 든 이모는 꽃 한 송이 같았다. 동그란 안경을 쓴, 키가 큰 꽃 말이다.

멜로디는 목이 멨다. 캐시 이모를 마지막으로 본 건 지난 12월 엄마의 장례식장에서였다. 그때부터 이모는 멜로디에게 열 번이나 편지를 보내 왔다. 하지만 멜로디는 한 번도 답장하지 않았다. 뭐라고 말해야 할지 알 수 없었다. 그래서 지금 멜로디는 몹시 부끄러웠다. 이모를 똑바로 보는 것조차 힘들었다.

하지만 어느새 캐시 이모가 멜로디를 끌어안았다.

"멜로디, 보고 싶었어!"

캐시 이모가 말했다. 그러고는 멜로디의 뺨을 붙잡아서 멜로디는 더 이상 이모의 시선을 피할 수 없었다. 하지만 놀랍게도 이모는 전혀 서운한 눈빛이 아니었다. 평소 같은 애정과 조금 슬픈 감정이 담겨 있었다. 둘은 그 잠깐의 눈 맞춤으로 편지 백 통으로도 하지 못할 이야기를 나눴다.

"우리 귀염둥이도. 키가 30센티는 넘게 자란 것 같은데!"

캐시 이모가 케빈에게 말했다. 케빈은 강동강동 뛰더니 이모의 다리를 끌어안았다.

"그런데……."

케빈이 다리를 놓자 캐시 이모가 말했다.

"무슨 일이 있었는지 누가 얘기 좀 해 줘야겠는데?"

문을 가리키며 이모가 말했다. 아니, 문이라기보다는 남은 잔해라고 하는 게 어울렸다.

나무 문은 갈라지고, 경첩이 구부러져 있었다. 곰의 발톱에 깊게 패인 자국도 있었다.

"불곰이 여기 들어왔어요! 날 먹으려고 했어요! 근데 난 용감했어요!"

케빈이 큰 소리로 말했다.

이모는 멜로디와 할아버지를 번갈아 쳐다봤다.

"믿기 어렵지만 어제 일어난 일이 맞다."

할아버지가 말했다. 할아버지는 캐시 이모에게 커피를 조금 따라 줬고, 다들 한목소리로 지난밤 일어난 일을 이모에게 말했다. 캐시 이모는 놀란 눈으로 이야기를 들었다.

"불곰이 그렇게 행동했다는 건 들은 적 없어!"

이야기가 끝나자 캐시 이모가 말했다. 이모는 멜로디와 할아버지만큼이나 불곰을 잘 알았다. 이모도 태어나서부터 지금까지 글레이셔 가까이에서 지냈다.

캐시 이모와 엄마는 어릴 적부터 이곳 맥도널드 호숫가에서 물놀이를 했다. 엄마와 이모는 함께했던 모험담을 멜로디에게 들려줬다. 엄마가 늘 엉뚱한 아이디어를 냈다고 했다.

엄마와 캐시 이모는 온종일 비밀스러운 폭포나 낚시터를 찾기 위해 공원 이곳저곳을 돌아다녔다. 때로 둘은 사라졌다가 온몸이 먼지투성이, 상처투성이로 어슬렁어슬렁 집에 돌아오기도 했다. 그건 장난 수준이었고 더 재밌는 얘기도 많았다.

이제 캐시 이모는 시카고에 산다. 이모는 여러 잡지에 글을 쓰는 작가다. 무슨 상을 받기도 했다. 엄마는 이모를 자랑스러워했다.

멜로디는 캐시 이모 가까이 의자를 끌어 앉았다. 이모와 가까이 있으니 마음이 안정되는 것 같았다. 하지만 불곰의 발톱이 케빈을 스쳤던 장면이 떠오르자 여전히 불안했다.

"그 곰…… 괴물 같았어요."

멜로디가 말했다.

"정말 그랬어. 뭔가…… 잘못된 게 분명해."

할아버지도 같은 생각이었다.

"공원 관리인들은 뭐라고 해요?"

캐시 이모가 물었다.

"아무 말도. 아침 일찍 전화했는데 아직 답이 없구나. 산불 때문에 다들 바쁠 거다. 관리소에 한 번 들를 참이야. 그 전에 시내에 나가 현관문에 달 자물쇠를 사야 할 것 같구나."

할아버지가 케빈의 접시를 치우며 말했다. 할아버지는 멜로디를 쳐다봤다.

"혹시나 해서 말이다."

멜로디는 이모를 한 번, 할아버지를 한 번 번갈아 봤다.

"캐시 이모랑 제가 관리소에 가 보면 어떨까요? 무슨 일이 일어났는지 제가 말할게요."

멜로디가 말했다. 멜로디는 관리인들이 곰에게 어떤 조치라도 당장…… 해 주길 바랐다.

캐시 이모의 얼굴이 밝아졌다.

"괜찮은 생각이다. 관리인들이 뭐라고 할지 나도 궁금하거든."

캐시 이모가 말했다.

"그렇게 하렴."

할아버지가 말했다. 그리고 몸을 돌려 케빈에게 말했다.

"가자, 울버린 소년. 시내에 다녀오자."

"아이스크림 먹어요!"

케빈이 씩씩한 목소리로 대답했다.

집을 나서는 길에 멜로디는 나무 문에 깊게 긁힌 자국을 봤다. 어떤 미친 사람이 도끼로 문을 자르려 한 자국처럼 보였다. 베란다 구석에는 뒤엉킨 갈색 털이 한 움큼 굴러다녔다.

날이 따뜻한데도 멜로디는 오싹해져서, 캐시 이모를 따라 얼른 차 앞으로 갔다.

공원 관리인

10분 후, 캐시 이모와 멜로디는 맥도널드 호수 공원 관리소에 도착했다. 통나무집에서 5킬로미터 정도 떨어진 곳에 있는 아주 작은 통나무 건물이었다.

둘은 갈색 더벅머리에 갈색 턱수염이 난 젊은 남자 뒤로 줄을 섰다. 그 남자는 산행 지도를 사고 있었다.

남자의 차례가 끝나자, 캐시 이모는 뒤로 물러서더니 멜로디를 카운터 쪽으로 살짝 밀었다. 멜로디가 앞으로 나아갔다. 관리인이 웃으며 반겼다. 할아버지만큼이나 나이가 들어 보였다.

"무엇을 도와드릴까요, 아가씨?"

멜로디는 선생님이 자기 이름을 불렀을 때처럼 긴장됐다. 하지만 숨을 깊게 들이쉰 다음, 관리인의 눈을 바라봤다.

"저는 저 아래 호숫가 통나무집에 살고 있어요. 어젯밤에 불곰이 숲에서 나와 통나무집까지 절 따라왔어요. 그리고 앞발로 문에 난 창을 깨고 문을 부수려고 했는데……."

멜로디가 말했다. 관리인이 알겠다는 듯 손을 올렸다.

"어디 보자. 곰이 말랐니? 밝은 갈색에 긴 발톱?"

멜로디는 캐시 이모를 흘끗 봤다. 캐시 이모도 놀란 듯 눈썹을 추켜세웠다.

"맞아요, 그 곰이에요. 어떻게 아셨어요?"

"우리 사이에서는 녀석을 '늙은 말라깽이'라고 불러. 여름 내내 사람들이 신고했거든. 정말 사고뭉치야. 한 번은 야영장을 덮쳤고. 한 번은 쓰레기통을 엉망으로 만들었고. 또 한 번은 사람들 음식을 빼앗아 먹었지. 아마 해는 안 끼칠 거다."

관리인이 말했다. 멜로디는 뺨이 달아올랐다. 이 사람이 지금 뭐라는 거지? 멜로디가 말한 것을 듣기는 한 걸까?

"해를 안 끼친다고요? 그 곰이 우리 통나무집 문을 떼어 낼 뻔했다니까요. 그리고……."

불곰의 앞발이 케빈 가까이에 와 있던 기억이 멜로디의 머릿속을 스쳤다. 멜로디는 엄지와 검지 사이를 아주 살짝 벌렸다.

"그 곰이 '이 정도'로 다가와서 제 남동생을 갈기갈기 찢을 뻔했다고요!"

캐시 이모가 멜로디의 어깨에 손을 올렸다. 멜로디는 어느새 까치발로 서서 카운터에 기대 있었다. 멜로디는 숨을 한 번 크게 들이쉬고, 한 발자국 물러섰다. 버릇없이 굴기는 싫었다. 하지만 관리인도 상황을 정확히 알아야 했다.

관리인이 고개를 끄덕였다.

"늙은 말라깽이가 원래 못되게 굴어. 며칠 전에는 트라우트 호수 야영장에서 남자애 둘을 쫓아갔어. 그러고는 텐트를 망가뜨렸지. 고추 캔을 물어뜯고, 비엔나소시지 한 봉지를 그 자리에서 먹어 치웠어."

관리인이 씩 웃었다.

"이봐요. 그 불곰 얘기 중에 어디가 재밌는지 모르겠네요."

캐시 이모가 카운터에 다가서며 말했다.

그때 멜로디는 등 뒤에서 어떤 소리를 들었다. 조금 전 앞줄에 섰던 젊은 남자가 출입구 앞에서 이야기를 엿듣고 있었다. 멜로디와 이모가 너무 시끄러웠던 걸까?

"관리인들이 뭐라도 대책을 세워야 되지 않나요."

캐시 이모가 계속 말했다. 날카로운 목소리가 점점 높아지고 있었다.

관리인은 얼굴이 붉어졌다.

"제가 할 수 있는 게 없어요. 전 자원봉사자일 뿐이에요. 관리인들은 대부분 산불을 해결하고 있고요."

관리인은 웃옷에 있는 배지를 가리키며, 어쩔 수 없다는 표정을 지었다.

관리인이 멜로디의 손을 토닥였다.

"무서웠다니 안됐구나, 얘야. 하지만 난 그 불곰은 걱정 안 되는구나."

멜로디는 다시 화가 치밀었다. 멜로디는 당장 걱정을 '해야 하는' 상황이기 때문이었다.

"적어도 그 불곰이 왜 그런 행동을 했는지 말씀해 주셔야 하는 거 아닌가요? 제가 뭐라도 할 수 있었을까요?"

"난 거기 없었잖니. 하지만 다른 얘기도 들어 보면 그 곰은 이제…… 떠난 것 같아. 아까 말했듯이 난 걱정 안 되는구나."

관리인이 그렇게 말하고는 카운터 뒤쪽으로 사라졌다. 대화를 일방적으로 끝내 버린 것이다.

멜로디는 주차장으로 가는 내내 씩씩거렸다. 자동차에 다다랐을 때 둘을 부르는 소리가 들렸다.

"잠깐만요!"

턱수염이 난 그 젊은 남자였다. 남자가 서둘러 다가왔다.

"불곰에 대한 네 판단이 맞아. 위험해. 정말 위험해."

남자는 헉헉 숨을 내쉬며 말했다.

캐시 이모와 멜로디는 이야기를 더 들으려고 기다렸다.

"그 한 마리만 그런 게 아닐 거야. 글레이셔에 큰 문제가 생겼어. 빨리 대책을 세우지 않으면 누군가 죽을지도 몰라."

문제는 쓰레기

 남자의 이름은 스티븐 와이스였고, '스티브'라고 불렀다. 스티브는 불곰을 연구하는 야생 동물 과학자였다. 몬태나 대학교에서 일한다고 했다. 스티브는 매점의 야외 테이블에 앉아 자신이 하는 일을 멜로디와 캐시 이모에게 전부 설명했다. 관리소에서 맥도널드 호수를 건너면 나오는, 규모가 꽤 큰 호텔에 있는 매점이었다.

 캐시 이모는 스티브를 점심 식사에 초대했다. 함께 나눌 이야기가 많았다.

 멜로디와 캐시 이모는 음식을 사서 호수 근처의 야외 테이블로 가져갔다. 물이 워낙 잔잔해서 푸른색 유리 조각처럼 보일 정도였다.

멜로디는 햄버거는 거들떠보지도 않고, 버글즈 과자 봉지를 뜯었다. 원뿔 모양 옥수수 칩 하나를 입에 넣었다. 새로 나온 버글즈 과자는 올해 학교를 엄청나게 휩쓸었다.

"지난밤 너를 따라왔던 불곰 이야기를 더 자세히 듣고 싶구나."

스티브가 햄버거와 콜라를 옆으로 치우고, 공책을 펼칠 자리를 마련했다. 멜로디가 숲에서 불곰이 어떻게 나타났는지, 어쩌다 현관 앞으로 왔는지를 이야기하자 스티브는 빠르게 적어 나갔다.

"잘 대응했구나."

멜로디의 대처가 인상적이었는지 스티브가 말했다.

"네가 조용히 있었잖니. 그 곰이 널 공격하려고 한 건 아닐 거야."

"하지만 곰이 이렇게 일어났는데요……."

멜로디가 몸서리치며 말했다.

"그건 보통 공격할 때의 자세가 아니란다. 곰은 뭔가를 더 잘 보려고 뒷발로 일어서거든. 그때 네가 달려갔거나…… 그 녀석이 통나무집 안으로 들어왔으면 나도 잘 모르겠구나. 불곰은 행동을 예측하기 어려워. 하지만 네가 운이 좋았다는 건 분명하구나."

스티브가 말했다. 스티브는 멜로디에게 곰이 어떻게 생겼는지, 냄새와 소리는 어땠는지 물었다. 스티브는 특히 발톱에 관심이 많았다.

"얼마나 길었니?"

스티브가 물었다. 멜로디는 잠시 생각했다. 그리고 버글즈 하나를 손가락에 꽂았다. 3센티미터 정도 길이였다.

"이것보다 훨씬 길었어요."

멜로디가 버글즈를 끼운 손가락을 들어 올리며 말했다.

스티브가 공책에 적으며 고개를 끄덕였다.

"그럴 수 있겠어. 불곰은 나무뿌리나 작은 동물을 찾으려고 발톱으로 땅을 판단다. 발톱 길이가 그 정도라면 그 불곰은 땅을 많이 파지 않았을 거야."

스티브는 멜로디에게 질문을 몇 개 더 하고, 마침내 공책을 덮었다.

"이번 여름 내내 공격적인 불곰을 목격하거나 만난 사례가 유난히 많아."

햄버거를 집어 들며 스티브가 말했다.

"그렇게 끔찍한 경험을 한 사람이 너 말고도 더 있어."

"근데 그 곰은 왜 그런 행동을 한 거예요?"

멜로디가 물었다. 분명 이유가 '있을' 것이다. 멜로디는 공원 북쪽에서 피어오르는 연기를 바라봤다.

"저거 불이에요?"

스티브가 고개를 끄덕였다.

"그냥 불이 아니야. 글레이셔 공원이 생기기 전부터 여기에는 산불이 계속 있었어."

스티브가 테이블을 가리켰다. 거기에는 반쯤 먹다 만 햄버거와 구겨진 포장지, 케첩이 묻은 냅킨, 탄산음료 몇 병이 놓여 있었다.

"곰이 '이것' 때문에 사람을 위협하는 거야."

"음…… 곰이 우리가 먹는 이 햄버거를 먹고 싶어 한다고요?"

캐시 이모가 물었다. 이모는 긴장한 얼굴로 멜로디를 쳐다봤다. 멜로디는 이모가 무슨 생각을 하는지 알 것 같았다.

그건 정말이지, 미친 소리 같았다.

스티브가 고개를 끄덕이며 캐시 이모에게 대답했다.

"정확히 말하자면 그건 아니에요. 문제는 쓰레기예요. 남은 음식 같은 것들. 공원 여기저기에 쓰레기통이 설치돼 있지요. 산책로에도, 야영장에도요. 배수로에도 음식물이 마구 버려져 있고요. 글레이셔에서 그게 점점 문제가 되고 있어요."

멜로디는 쓰레기를 버리는 사람에게 소리쳤던 엄마가 떠올랐다. 산책로에 서 있는 엄마를 머릿속에 그려 보았다. 빨간색 손수건을 머리에 두르고 평화를 상징하는 동그란 무늬가 있는 티셔츠를 입은 자그마한 엄마가 고릴라처럼 커다란 남자에게 산책로에 빈 콜라병을 버리지 말라고 꾸짖는 장면이었다.

스티브는 몸을 당겨 앉은 다음, 눈을 가늘게 떴다.

"불곰이 쓰레기를 '먹고' 있어. 어떤 불곰은 사냥도, 산딸기 같은 열매를 찾는 것도 그만뒀어. 쓰레기통을 뒤지거나 야영장에서 찾을 수 있는 음식만 먹고 있지."

스티브는 그사이 진행해 온 연구를 이모와 멜로디에게 들려줬다. 스티브의 말이 더는 미친 소리처럼 들리지 않았다.

"내 연구 중에는 불곰의 흔적에 대한 것도 있거든."

스티브가 계속 이야기했다.

멜로디는 웃음을 참았다. '흔적'은 야생 동물의 똥을 뜻하는 말이었다. 그리고 언젠가부터 케빈이 가장 좋아하는 말이 됐다.

"나 흔적 만들러 가야 해!"

어제 아침에 집 밖으로 나가면서 케빈은 그렇게 말했다.

하지만 스티브가 하는 말은 진지했다.

"불곰의 흔적에서 유리, 금속, 플라스틱 조각을 찾았어. 지난달에 관리인들이 쓰레기 처리장 근처에서 불곰 한 마리를 발견했거든. 녀석은 굶어 죽기 직전이었어. 이빨 사이에 유리 조각이 박혀 있더라고. 아마 아무것도 못 먹었을 거야."

스티브는 계속 말을 이었다.

"끔찍해라!"

캐시 이모가 말했다. 멜로디는 음식을 앞으로 밀어 버렸다. 식욕이 떨어졌다.

"정말요. 몇몇 불곰은 정말 고통받고 있어요. 그래서 녀석들이 점점 사람들을 위협하는 거예요. 우리한테서 멀리 떨어질 수 없거든요. 사람들이 먹이를 가져다주니까요."

"그래서 어젯밤 그 불곰이 저를 따라온 거네요? 음식을 찾고 있던 걸까요?"

멜로디가 묻자 스티브가 끄덕거렸다.

"그럴 거야. 놈이 통나무집에 가까이 왔을 때 안에서 흘러나오는 음식 냄새를 맡았을 수 있어. 곰은 개보다 냄새를 잘 맡거든. 그리고 네가 자기 먹이를 노린다 여겼을 거야. 그래서 공격적으로 행동했던 거고."

멜로디는 오싹해졌다. 글레이셔에는 불곰 수백 마리가 있다. 곰들이 전부 사람들을 쫓아오면 어쩌지? 뭔가 대책을 세워야 했다!

"그럼 글레이셔를 깨끗하게 청소해야겠네요."

멜로디가 말했다.

"그래, 하지만 또 다른 문제가 있어. 그래닛 공원 오두막에 대해 들어 본 적 있니?"

"물론이죠."

캐시 이모가 대답했다. 멜로디도 들어 봤다. 산에 오르는 사람들이 묵는 시골풍의 호텔이었다. 엄마는 항상 멜로디를 그곳에 데려가고 싶어 했다.

"네가 경치를 제대로 즐길 수 있을 때까지 기다리자."

엄마는 이렇게 말했다.

"거기 쓰레기가 많아요?"

멜로디가 물었다. 엄마가 가장 좋아하는 장소가 쓰레기로 뒤덮였다고 생각하니 기분이 나빠졌다.

"내가 듣기로는 그보다 안 좋은 상황이야."

스티브가 목소리를 낮춰 말했다.

"흉흉한 소문을 들었어. 그 말을 믿어야 할지 아직 잘 모르겠지만. 거기에서 불곰들한테 무슨 일이 생긴 건 분명해. 내일 가서 직접 확인해 볼 생각이야."

"우리도 가요."

멜로디가 무심결에 말했다.

"엄청나게 먼 길이야. 코스마다 13킬로미터 가까이 돼."

캐시 이모는 안 된다는 듯, 눈썹을 추켜세웠다.

"거기서 하룻밤 머무를 생각이거든. 함께 가 준다면 환영이야."

스티브가 말했다. 캐시 이모가 멜로디를 쳐다봤다.

"정말 가고 싶어?"

멜로디는 잠시 생각했다. 그렇게 먼 거리를 걸어 본 적은 없었다. 불곰을 만나면 어쩌지?

하지만 멜로디는 망설이지 않았다. 그래닛 공원 오두막에 무슨 일이 생긴 건지 꼭 알고 싶었다.

"가고 싶어요."

멜로디가 말했다. 캐시 이모가 웃었다.

"그래, 계획을 세워 보자."

셋은 점심을 마쳤다. 그리고 쓰레기를 모두 모았다. 근처 쓰레기통은 이미 쓰레기가 넘치고 있었다. 멜로디는 허리를 굽혀 땅 여기저기 버려진 포장지와 더러운 냅킨을 주워 올렸다.

하지만 어디를 봐도 온통 쓰레기뿐이었다. 깨진 유리 조각이 흙 속에서 반짝거렸다. 구깃구깃한 종이 가방은 테이블 아래에 놓여 있었다. 심지어 빨대 껍질이 유령 새처럼 날아다녔다. 그 작은 공간을 치우는 데만 몇 시간이 걸렸다.

그제야 멜로디는 스티브가 해 준 말이 전부 이해됐다.

글레이셔에서 문젯거리는 곰이 아니었다.

사람이었다.

그래닛 공원

**1967년 8월 8일 화요일 오후 1시
글레이셔 국립 공원 내 그래닛 공원**

"저기 보세요!"

스티브가 산책로를 따라 걸으며 말했다. 스티브는 벌새가 파닥거리며 보랏빛 꽃 위로 날아오르는 모습을 가리켰다. 밝은 빨간색에 크기는 겨우 멜로디의 엄지손가락만 했다. 빠르게 날갯짓하느라 날개가 눈에 잘 보이지도 않았다.

"무슨 종류예요? 칼리오페벌새?"

캐시 이모가 물었다. 멜로디는 볕이 강해 눈을 찡그리고 바라봤다. 멜로디와 엄마는 글레이셔에 사는 새의 사진이 실린 책을 갖고 있었다. 둘이 한 번이라도 본 새는 목록에 적어 두었다.

"갈색벌새 같아요."

"맞아, 관찰력이 좋구나!"

스티브가 말했다.

세 사람은 세 시간째 산길을 걷고 있었다. 앞으로 두 시간을 더 가야 한다. 그래닛 공원 오두막은 글레이셔 뒤쪽 지대에서 한참 위로 가야 했다. 공원에 있는 어떤 곳보다 자연이 잘 보존된 곳이며, 어떤 코스로 가든 꽤 멀었다. 오두막에 가려면 걸어갈 수밖에 없었다. 아니면 말을 타거나. 어떤 길로 가든 최소 13킬로미터나 떨어져 있었다.

1분에 한 번씩 스티브는 손뼉을 쳤다.

"곰아, 안녕! 곰아, 안녕!"

스티브가 소리쳤다.

"우리가 가고 있다는 걸 곰에게 알리는 게 중요하거든."

스티브가 설명했다.

짝, 짝.

태양이 이글이글 타올랐다. 티셔츠가 땀 때문에 멜로디의 등에 찰싹 달라붙었다. 등산화가 너무 작았다. 너덜너덜해진

발가락은 아픈 걸 넘어서 감각이 사라졌다. 하지만 멜로디는 엄살 부리지 않았다. 여기는 아름다운 산책로다. 절벽으로 가면 연초록빛 골짜기를 내려다볼 수 있을 것이다. 이제 멜로디네 일행은 야생화로 그득한 목초지를 지나고 있었다. 아무리 커다란 상자에 담긴 크레파스라도 여기의 색깔을 모두 담을 수 없었다.

멜로디는 물통에 든 찬물을 벌컥벌컥 마시고, 할아버지가 싸 준 견과류와 건포도를 와작와작 씹어 먹었다. 멜로디와 캐시 이모가 불곰이 우글거리는 곳에 간다는데도 할아버지는 전혀 흥분하지 않았다. 하지만 이모는 안전할 거라고 할아버지를 안심시켰다. 할아버지는 거기서 무슨 일이 일어나는지 알고 싶어 했다.

멜로디는 스티브의 뒤를 따라 걷다가, 오른쪽 종아리에 빨간빛과 보랏빛 선이 마치 뱀처럼 구불구불하게 자리 잡은 걸 봤다. 멜로디는 그렇게 크고 거친 상처를 본 적이 없었다. 케빈이 봤다면 주의를 빼앗길 만한 상처였다. 멜로디는 스티브에게 상처에 대해 물어보고 싶었다. 하지만 바로 지금, 스티브는 불곰이 야생에서 무엇을 먹는지 이야기하느라 바빴다.

"불곰은 먹이 사슬의 꼭대기에 있어."

스티브가 설명했다.

짝, 짝.

"자기가 먹고 싶은 동물은 뭐든 사냥할 수 있다는 뜻이지. 또 불곰을 건드릴 수 있는 동물이 없다는 뜻이기도 하고."

멜로디가 케빈을 다시 한 번 떠올리며 웃었다. 케빈이 여기 있었으면 당장 질문을 백만 개쯤 쏟아 냈을 것이다.

"불곰은 사슴을 주로 사냥할 거야. 알래스카에 사는 불곰은 연어도 많이 먹어. 주둥이를 물에 넣고 연어를 뽑아 먹듯이 사냥해. 하지만 여기 글레이셔에 사는 불곰은 주로 식물을 먹어. 산딸기 같은 것들 말이야."

스티브가 계속 설명했다. 몇몇 산책로를 따라 자란 월귤나무가 보였다. 새콤하고 과즙이 많은 열매를 생각하자, 멜로디는 입에 침이 고였다.

"또 마르모트를 정말 좋아해."

스티브가 말했다.

짝, 짝.

마르모트는 귀여운 설치류로 땅 밑에 산다. 때로 마르모트는 털로 뒤덮인 머리를 굴 밖으로 빼고는 지나가는 사람들에게 휘파람을 불기도 한다.

"배가 꽤 고픈데. 지금 당장, 맛있고 육즙이 풍부한…… 마르모트를 먹고 싶어."

캐시 이모가 말했다. 스티브와 멜로디가 폭소를 터뜨렸다.

"그럼 잠깐 쉬면서 점심을 먹죠."

스티브가 그늘에 쓰러져 있는 통나무를 가리키며 말했다.

스티브는 슬플 정도로 작은 땅콩잼 한 병과 판지처럼 보이는 크래커 몇 개를 꺼냈다. 스티브의 시선이 할아버지가 만들어 준 두툼한 소고기 샌드위치에 닿았다.

멜로디는 샌드위치 절반을 잘라 스티브에게 건넸다.

"배가 별로 안 고파서요."

멜로디가 적당히 둘러댔다.

"정 그렇다면……."

스티브는 기뻐하며 샌드위치 반쪽을 가져갔다.

"그런데 어쩌다 불곰에 관심을 갖게 된 거예요?"

캐시 이모가 샌드위치를 한입 가득 문 채로 물었다.

"전 늘 불곰이 매력적이라고 생각했어요."

스티브가 말했다.

"그러니까 왜요?"

캐시 이모가 뭔가 살살 캐내려는 듯 물었다. 스티브가 낡아 빠진 물통에서 물을 한 모금 마셨다.

"누군들 안 그러겠어요? 불곰은 강하고 똑똑하고 호기심이 강해요. 생각해 보면 사람이랑 비슷한 점이 많죠."

그 순간, 멜로디는 엄마가 떠올랐다. 곰이나 야생 동물들을 얘기할 때, 엄마의 눈은 경외감이 가득했다.

"그 상처는 어쩌다 생긴 거예요?"

멜로디가 아무 생각 없이 물었다.

스티브의 얼굴이 일그러졌다. 동시에 멜로디는 입을 다물어야 했다는 걸 깨달았다.

"죄송해요, 전······."

"아니야. 이건 그냥······ 음, 길고 슬픈 이야기 중 하나란다."

스티브가 말했다.

"다들 그런 이야기 하나쯤은 갖고 있죠."

캐시 이모가 말했다. 멜로디는 고개를 숙이고, 자신의 길고 슬픈 이야기를 떠올리지 않으려 애썼다.

멜로디는 스티브가 그 이야기를 하고 싶지 않을 거라고 생각했다.

하지만 멜로디가 틀렸다.

길고 슬픈 이야기

"난 여기서 북쪽으로 160킬로미터쯤 떨어진 캐나다에서 자랐어. 아버지와 어머니는 숲에서 시간을 많이 보내셨지. 내가 열세 살 때, 아버지와 함께 즐겨 찾던 낚시터로 가고 있었어. 그런데 커브 길을 돌다가 암퇘지 한 마리와 새끼들을 놀라게 한 거야."

암퇘지는 어미 불곰을 부르는 별명이었다.

멜로디는 가슴이 아파 왔다. 무슨 이야기가 나올지 알 것 같았다. 몇 해 전, 산행하던 사람이 어미 불곰에게 맞고 물린 채 반쯤 죽어 발견되었다는 끔찍한 이야기를 들은 적 있다.

"그 어미 불곰은 먼저 아버지를 따라왔어. 그러고는 앞발로 내리쳤어. 아버지는 정말 세게 넘어졌지. 커다란 쇠망치로 맞은 것 같았어. 넘어지며 바위에 부딪혀 머리뼈를 다쳤지."

스티브는 크게 숨을 쉬었다.

"그리고 불곰이 나를 향해 왔어."

공포에 떨던 캐시 이모의 손이 멜로디의 손을 꼭 잡았다. 둘 다 더는 아무것도 먹을 수 없었다.

스티브는 불곰이 사람을 마주쳤을 때 어떻게 행동할지 알 수 없다고 설명했다.

"불곰이 사람을 공격하는 건 드문 일이거든. 단순히 큰 소리를 내며 으르렁대거나 울음 같은 걸 내뱉으려고 했을 거야. 아니면 더 잘 보려고 일어섰든지. 단순히 허세를 부리려고 했거나……."

"그게 뭐예요?"

멜로디가 물었다.

"불곰이 사람을 향해 달려오다가 6미터쯤 떨어진 데서 멈출 때가 있거든. 그건 녀석이 사람을 겁주려고 하는 행동이야."

"확실하게 성공하겠네."

캐시 이모가 긴장된 표정으로 웃으며 말했다.

"대다수 사람들은 달려서 도망가려고 하는데, 정말 큰 실수야. 불곰 앞에서는 절대, 잠깐이라도 달릴 생각은 하지 마. 근처에 나무가 있다면 시도해 볼 수도 있겠지만, 위험하긴 마찬가지야. 불곰 중에 나무를 탈 수 있는 녀석도 있거든."

"그럼 불곰이 공격하려 들 때는 어떻게 하나요?"

캐시 이모가 물었다.

"엎드려 죽은 척해야 해요. 제가 그렇게 했거든요. 그때는 불곰이 정말 공격하려고 다가왔어요. 허세가 아니었죠."

스티브가 말했다.

"그래서 어떻게 됐어요?"

멜로디가 물었다.

"내가 엎드리자 녀석이 조용해졌어. 두 귀를 뒤로 젖혔지. 날 겁주거나 큰 소리로 울부짖을 생각을 접었다는 뜻이었어. 내가 자기 새끼를 위협한다고 생각했는데, 그 위협이 사라져 버린 거야. 난 배를 땅에 댄 채 엎드렸어. 그리고 몸을 땅에 꽉 붙였지. 몸을 보호하려고 목뒤로 손깍지를 꼈어. 불곰이 발톱으로 내 등을 치더라고. 다행히 배낭을 메고 있어서 척추를 보호할 수 있었어."

멜로디는 두려움에 몸이 움츠러들었다.

"어미 불곰이 발톱으로 나를 긁고 입으로 무는 사이에도 난 완벽할 정도로 가만히, 그리고 조용히 있었어. 발가락을 흙 속에 묻어 두고 날 뒤집지 못하게 했지. 놈이 내 얼굴이나 가슴을 치지 않았으면 했거든. 1분도 지나지 않아 모든 일이 끝났어. 내가 자리에서 일어났을 때, 어미 곰과 새끼 곰은 사라지고 없었어. 내 꼴은 말이 아니었어. 최악은 다리였어. 녀석이 발톱으로 살을 갈랐지 뭐야."

스티브가 상처를 가리켰다.

"그리고 아버지는…… 아버지 목숨을 빼앗은 건 불곰이 아니었어. 넘어지면서 부딪힌 바위였지."

"이런, 스티브……."

캐시 이모가 말했다.

"뒤이어 다른 일도 터졌는데…… 아버지를 잃은 일만큼이나 슬펐어. 시내에서 온 남자들이 숲속으로 들어왔어. 그들이 어미 불곰을 쏴 버렸어. 그 새끼들도. 아버지가 마지막으로 아끼던 것이 사라져 버렸어. 아버지는 자연을 사랑했고, 불곰을 보호하려고 했거든. 불곰이 자기 새끼들을 보호하려는 것을 아버지는 이해했을 거야. 곳곳에 사람 발자국이 있었거든. 오히려 우리가 자연에서 떨어져 머무르는 법을 배워야 했어. 아버지는 그날 돌아가시지 말았어야 했어. 그 불곰들도 죽지 말았어야 했지."

"괜한 걸 여쭤봤어요. 죄송해요."

멜로디가 말했다.

"그런 말 하지 마라. 네게 꼭 말할 필요는 없지. 하지만 입 밖으로 꺼내는 게 도움될 때가 있어. 슬픈 감정을 억누르는 건 좋지 않거든."

스티브가 손을 뻗어 멜로디의 손을 토닥였다.

잠깐 동안 다들 말이 없었다. 먼저 스티브가 일어섰다. 꿈에서 깨어나는 사람처럼 고개를 흔들었다.

"좋아, 1.6킬로미터만 더 가면 된다."

스티브가 말했다. 세 사람은 쓰레기를 모두 가방에 넣고, 길을 따라 걷기 시작했다.

짝, 짝.

"곰아, 안녕! 곰아, 안녕!"

스티브가 외쳤다.

멜로디는 주위를 둘러봤다. 누가, 아니 무엇이 듣고 있을지 궁금했다.

끔찍한 소문의 진실

마지막 0.8킬로미터의 산행은 고문 같았다. 가파른 언덕을 터덜터덜 겨우 걸었다. 절대 정상에 닿을 수 없을 것 같다는 생각까지 들었다. 하지만 어느덧 정상이 눈앞에 있었다. 드디어 그래닛 공원 오두막이 보였다.

"아름다워라!"

캐시 이모가 소리쳤다.

돌과 통나무로 지은 이 건물은 그림책에 나올 법한 멋진 시골집이었다. 조금 크다는 것만 달랐다. 이 건물은 바위가 많은 언덕에 자리 잡고 있었다. 주위는 풀로 무성한 경사지였고, 군데군데 작은 소나무 몇 그루와 야생화가 점점이 박

혀 있었다.

  셋은 비틀거리며 로비로 들어섰다. 넓은 바닥은 원석이었고, 벽은 통나무로 되어 있었다.

  주변에는 지쳤지만 즐거워 보이는 방문객들이 커다란 의자에 앉아 쉬고 있었다.

  "어서 오세요!"

건장한 체격의 남자가 접수대 뒤에서 말했다. 남자는 자신을 '그렉'이라고 소개했다. 오두막의 관리자였다.

  그렉은 포도 에이드를 한 잔씩 내준 후, 위층으로 안내했다. 스티브가 작은 방을 혼자 쓰고, 멜로디와 캐시 이모가 바로 옆방을 쓰기로 했다. 방은 2층 침대가 벽에 딱 맞게 들어가는 크기였다. 밝고 깨끗했다. 멜로디는 등산화를 벗고, 피가 묻은 양말을 벗었다.

  "불쌍한 발가락들!"

  멜로디의 발에 비눗방울같이 올라온 수포를 보고, 캐시 이모가 말했다.

  "발에 감각이 없어서 다행이에요."

  멜로디는 괴로운 듯 웃으며 말했다.

  "씩씩한 아이네."

  캐시 이모가 말했다. 멜로디는 빨간색 슬리퍼를 신고 창밖을 내다봤다. 멀리 들쭉날쭉한 산등성이가 보였다. 경사지는 아직 눈이 쌓여 하얬다. 여름에도 녹지 않는 눈이었다.

  캐시 이모가 멜로디 뒤로 다가왔다.

"저기가 헤븐스 피크야."

이모가 멜로디에게 팔을 두르며 말했다.

"알아요."

멜로디가 대답했다. 엄마가 이야기해 준 적 있었다.

멜로디는 엄마도 멜로디와 함께 있다고 상상했다.

갑자기 멜로디는 심장이 찢어지는 것 같았다. 그리고 눈물이 펑펑 쏟아졌다.

멜로디는 캐시 이모의 팔 아래로 쏙 빠져나왔다.

"다녀올게요……. 화장실에 가야겠어요."

멜로디가 말했다. 멜로디는 쏜살같이 아래층으로 내려가서 밖으로 나갔다. 정문 앞 커다란 베란다의 구석 자리에서 의자를 하나 찾았다. 진정하고 기운을 되찾으려면 잠시라도 혼자 있을 시간이 필요했다.

하지만 몇 초 후 땀범벅인 남자 셋이 시끄럽게 다가왔다. 그리고 멜로디 바로 옆 의자에 쓰러지듯 앉았다.

"휴! 죽음의 산행이었네!"

덥수룩한 콧수염이 있는 남자가 소리쳤다.

"발이 떨어져 나가는 줄 알았어."

머리카락이 없는 마른 남자가 말했다.

"여기 온 걸 후회하지 않을 거야. 오늘 밤이 지나면 더더욱."

콧수염 남자가 말했다. 멜로디는 모기에 물린 데를 긁느라 허리를 굽혔다.

"말도 안 돼. 그 사람들은 어떻게 밤마다 불곰을 불러내는 거지?"

세 번째 남자가 말했다.

멜로디는 꼼짝도 할 수 없었다. 그 남자들을 쳐다봤다.

"말했잖아, 그 사람들이 남은 음식을 전부 이 뒤쪽, 언덕 아래에 있는 배수로에 버린대. 그럼 밤마다 불곰이 온다던데? 뒤쪽 베란다에 서 있으면 불곰을 볼 수 있대."

콧수염 남자가 말했다.

"멋진 쇼 같은데."

머리카락 없는 남자가 말했다.

"대신 놈들이 나올 때까지 기다려야 해!"

콧수염 남자가 이야기를 쏟아냈다.

"운 좋으면 곰끼리 싸우는 것도 볼 수 있어! 내가 여기 마지막으로 왔을 때, 곰 두 마리가 나타나서 뭔가를 놓고 싸우더라고. 잘 모르겠지만, 어떤 동물의 허벅지 뼈 같았어. 두 놈이 갑자기 싸우는 거야. 쾅쾅! 하고."

그 남자는 주먹을 다른 쪽 손바닥에 대고 때렸다.

"큰 놈이 작은 놈을 두들겨 패더라니까. 작은 놈 머리가 뽑히는 줄 알았어!"

남자들은 허벅지를 철썩철썩 때리며 흥분했다.

멜로디는 화를 참을 수 없었다. 불곰이 뼈다귀를 두고 싸우는 걸 보려는 그 행동이 얼마나 역겨운 줄 아느냐고, 그 남자들에게 당장이라도 말해 주고 싶었다. 하지만 멜로디는 용기가 없었다. 일어서서 안으로 달려 들어갔다. 스티브와 캐시 이모가 로비에 서 있었다. 뭔가 걱정하는 듯 보였다.

"여기 있었구나!"

캐시 이모가 멜로디를 불렀다.

멜로디는 둘에게 돌진했다. 오래된 잡지가 놓인 오래된 탁자를 거의 쓰러뜨릴 뻔했다.

"아저씨 말이 맞았어요. 여기서 끔찍한 일이 벌어지고 있어요. 사람들이……."

멜로디가 숨을 헐떡이며 스티브를 바라봤다. 멜로디는 힘겹게 침을 삼켰다.

"사람들이 불곰에게 쓰레기를 '먹이고' 있어요!"

"뭐라고?"

캐시 이모가 말했다. 멜로디는 남자들이 한 말을 스티브와 이모에게 일러 줬다. 그러고는 로비에 있는 사람들을 둘러봤다. 저 사람들이 13킬로미터나 걸어서 여기에 온 이유가 뭘까? 불곰 쇼를 보려고?

스티브의 얼굴이 일그러졌다.

"내가 들은 소문이 바로 그거였어. 그저 떠도는 이야기이길 바랐는데."

스티브가 말했다. 친절했던 눈빛이 어느새 분노와 역겨움으로 바뀌어 있었다.

캐시 이모 역시 분노로 씩씩거렸다.

"뭐라도 해서 반드시 멈춰야 해요."

멜로디에게 좋은 생각이 떠올랐다.

"뭔가 할 수 있을 것 같아요."

멜로디가 캐시 이모에게 말했다. 멜로디는 탁자에 놓인 잡지를 집어 올렸다.

"캐시 이모가 기사를 쓰면 되잖아요!"

수백만 명이 캐시 이모의 기사를 읽는다. 지난해, 이모는 몬태나주에 있는 강에 위험한 화학 물질을 몰래 버린 기업을 고발하는 기사를 쓴 적이 있었다. 기사가 나온 후, 그 기업의 회장이 체포됐다. 회장은 지금 감옥에 있다.

"멜로디의 말이 맞아요, 캐시."

스티브가 말했다.

"글레이셔에서 무슨 일이 일어나는지 더 많은 사람이 알면 변화가 생길 거예요."

캐시 이모는 생각에 잠긴 듯 보였다. 이모의 눈빛이 단단해졌다.

캐시 이모가 마침내 입을 열었다.

"그래, 할게. 하지만 도움이 필요해."

"제가 연구 내용을 공유할 수 있어요."

스티브가 말했다.

"전 이모가 필요한 거면 뭐든 도울게요."

멜로디가 말했다.

"좋아, 당장은 여기서 일어나는 일에 대해 가능한 많이 알아 둬야 해. 어떻게 이런 일을 벌이는지도. 내일 아침 돌아가면 글을 쓰기 시작할게. 아는 편집자들에게 전화해서 이 이야기를 빨리 세상에 알려야겠지."

캐시 이모가 말했다. 멜로디의 심장이 두근거렸다.

캐시 이모 덕에 온 세상이 글레이셔의 진실을 알게 될 것이다. 그러면 많은 변화가 일어날 것이다.

멜로디는 너무 늦지 않기를 바랐다.

계획을 시작하다

"그러니까 말해 줘요, 그렉."

캐시 이모가 그날 오후 셋을 반갑게 맞아 준 관리인을 다정하게 바라보며 말했다.

"정확하게 언제 불곰 쇼를 해요?"

멜로디와 스티브는 미소를 지으며 캐시 이모 뒤에 서 있었다.

세 사람은 버려진 쓰레기를 먹는 불곰이 정말 보고 싶다는 듯 행동했다. 세 사람이 실제로 무슨 생각을 하는지 그렉이 알면 진실을 말하지 않을 게 분명했다. 멜로디는 스파이가 된 것 같았다.

"아, 불곰은 밤마다 와요. 어두워지면 나타나는데, 방송을 해 드려요."

그렉이 책상 위의 종이 뭉치를 정리하며 말했다.

"그 이야기를 전부 들었어요. 그런데 공원 관리인들이 막지 않는 게 놀랍네요……. 그게, 음, 알잖아요, 이런 행동 때문에 글레이셔가 망가질 수 있다는 거."

스티브가 부드럽게 말했다.

"야생 동물에게 먹이를 주면 안 되는 걸로 아는데, 글레이셔는 다른가 봐요?"

멜로디가 물었다. 물론 아니었다. 여기저기에 이런 표지판이 있었다. '야생 동물에게 먹이를 주지 마시오.'

"아, 관리인들도 다 알아요. 며칠 전 밤에 관리인 셋이 다녀갔어요. 저기 밖에서 곰이 다가오는 것을 다 봤죠. 그래도 아무 말도 안 했어요. 우리도 어쩔 수 없다는 걸 잘 아니까요."

"뭘 어쩔 수 없는데요?"

스티브가 물었다.

"쓰레기를 거기에 버릴 수밖에 없거든요. 여기 어디에 쓰레기를 버릴 수 있겠어요? 공원 관리청에서 지난 6월에 소각장을 만들어 줘서 거기에서 쓰레기를 태우긴 했어요. 하지만 너무 작고, 게다가 몇 주 후에는 망가져 버렸다니까요. 새로 설치해 달라고 계속 말하는데, 무시하기만 하고 답이 없어요."

"그러니까 공원 관리청도 이 사실을 전부 안다는 거네요?"

스티브가 약간 큰 소리로 물었다. 멜로디가 스티브를 쿡 찔렀다. 그렉에게 의심받으면 안 된다.

다행히 그렉은 눈치채지 못한 것 같았다.

"당연히 알죠. 이 오두막에서 몇 년간 해 온 일인데요. 방문객들도 좋아하고요. 관리인들도 다 알아요. 전 그저 전통을 지킬 뿐이에요."

세 사람은 그렉에게 고맙다고 말하고 밖으로 나왔다.

문밖에 나왔을 때, 스티브가 불편한 마음을 드러내기 시작했다. 스티브는 분노로 부글거렸다.

"저 남자 말 들었어요? 얼마나 위험한지 모르는 걸까요? 사람들이 곰을 해치고 있다고요. 이러다가 누군가 목숨을 잃게 될지도 몰라요. 공원 관리청도 안다고요? 정말 미친 것 같아요!"

멜로디 역시 뺨이 달아올랐다.

"어떻게 이런 일이 잘못이라는 걸 모를 수 있죠?"

캐시 이모가 둘을 진정시켰다.

"우리 침착해야 해요. 할 일이 많잖아요."

캐시 이모는 주위를 둘러보았다.

"쓰레기를 찾으러 갑시다."

쓰레기는 콧수염 남자가 말한 바로 그 장소에 있었다. 오두막 뒤편, 가파른 언덕 아래였다. 그곳의 큰 배수로는 빈 병과 종이 상자로 가득 차 있었다. 썩은 음식에서 악취가 올라왔다. 멜로디는 늙은 말라깽이의 얼굴이 창에 끼었을 때 풍기던 역겨운 입 냄새를 떠올렸다. 쓰레기를 보고 있으려니 속이 안 좋아져서, 멜로디는 흙바닥을 바라봤는데…… 뭔가 다른 게 보였다.

"이거 봐요!"

멜로디가 말했다. 흙에 동물 발자국이 있었다. 여기저기 온통 발자국이었다.

스티브가 무릎을 꿇고 들여다봤다.

"불곰이야."

스티브는 아주 큰 자국을 찾아냈다. 스티브의 손보다 두 배나 컸다.

"발가락이 곧게 줄지어 있는 모양을 봐요."

스티브는 손가락으로 발자국 위를 덧그렸다.

"이게 흑곰이랑 불곰이 다른 점이에요. 흑곰은 발가락이 둥그런 모양이에요. 알파벳 U를 뒤집어 놓은 것처럼요."

스티브는 발자국 위쪽에 보이는 점 다섯 개를 가리켰다.

"여기 옴폭한 곳이 발톱의 끝부분이에요."

"얼마나 많은 곰이 이곳에 다녀간 걸까요?"

캐시 이모가 물었다.

"발자국을 정확하게 세 보기 전에는 알 수 없어요."

스티브가 말했다. 스티브는 자세히 둘러보더니 9미터 정도 옆으로 걸었다.

"적어도 어른 곰 다섯 마리 정도, 새끼 곰 몇 마리가 다녀간 것 같아요."

세 사람은 풀이 무성한 언덕으로 내려갔다. 언덕 아래쪽에는 작은 요리용 석쇠와 화덕이 있었다. 표지판에 '그래닛 공원 야영장'이라 쓰여 있었다.

셋은 놀라서 그 자리에 그대로 멈춰 섰다.

"여기서 사람들이 정말 야영을 한다고요?"

멜로디가 물었다. 물론 답은 분명했다.

"불곰이 배수로로 가려면 바로 여기를 지나야 할 텐데."

스티브가 말했다.

"다들 미쳐 가고 있어요."

캐시 이모가 고개를 저으며 중얼거렸다. 앞으로 생길 일을 생각하니 멜로디는 등골이 오싹해지는 느낌이었다. 멜로디는 서서히 불안해졌다.

그래닛 공원은 어디서든 멀었다. 가장 가까운 길이나 관리소도 몇 킬로미터나 떨어져 있었다. 이 뒤쪽 지대에는 전화도 없었다.

무슨 일이 일어나면, 누군가 다치기라도 하면, 구조의 손길이 도착하기까지 꽤 오래 걸릴 것이다.

불곰 쇼

늦은 밤

산 아래로 해가 떨어지고 있었다. 하늘은 밝은 보랏빛이 되었다.

세 사람은 땀범벅인 옷을 갈아입고, 저녁 식사를 하기 위해 식당에 모였다. 식당은 즐겁게 소곤거리는 소리와 은그릇이 부딪히는 소리로 가득했다. 하지만 셋이 앉은 식탁 분위기는 엄숙했다. 멜로디는 소고기 스튜를 한 입 떴다가 파리가 들끓는 배수로에 앉아 있는 자신을 그려 봤다.

셋은 그날 알게 된 일들과 통나무집으로 돌아간 뒤 이모가 누구에게 전화해야 할지 조용히 이야기를 나눴다.

"〈내셔널지오그래픽〉은 분명히 이 기사를 원할 거야."

캐시 이모가 말했다. 멜로디는 얼른 세상에 이 끔찍한 상황을 알리고 싶어 좀이 쑤셨다. 통나무집에는 할아버지가 편지 쓸 때마다 쓰던 오래된 타자기가 있었다. 캐시 이모는 며칠이면 기사를 다 쓸 수 있다고 했다. 하지만 잡지에 기사가 실리기까지 두 달, 어쩌면 더 걸릴 수 있다고 했다.

멜로디는 버튼 하나만 누르면 전 세계 사람들이 이 이야기를 읽을 수 있으면 좋겠다고 생각했다. 하지만 지금은 1967년이었다. 공상 과학 소설에서도 그런 일은 1,000년 후에나 가능했다.

식당은 활기가 넘쳤다. 대략 30명 정도 식사를 하고 있었다. 어린아이를 데려온 가족도 있었다. 주말에는 더 많은 사람이 몰려올 거라는 이야기를 들었다.

"방이 꽉 찼어요. 야영장에도 사람들이 올 거예요."

그렉은 그렇게 말했다.

불곰이 쓰레기 먹는 것을 구경하려는 사람이 얼마나 될까? 멜로디는 알고 싶지 않았다. 생각만 해도 역겨웠다.

저녁 식사는 서서히 마무리됐다. 종업원들은 디저트로 엄청 단 초콜릿 케이크 조각을 내왔다. 하지만 다들 한 입도 먹지 않았다.

옆 식탁에서 여자가 일어서며 소리쳤다.

"노래 부를 시간이에요!"

여자가 소리쳤다. 사람들은 손뼉을 치며 신나 했다.

스티브는 옆자리에 앉은 남자를 향해 물었다.

"무슨 일이에요?"

"그래닛 공원 오두막의 전통이에요. 매일 저녁 식사 후에 함께 노래를 불러요."

남자가 말했다.

캐시 이모가 낮은 목소리로 말했다.

"내 목소리는 거의 끽끽거리는 앵무새야."

스티브가 피식 웃었다.

"저보다 나을 거라는 데 한 표 던집니다."

여자가 노래를 부르기 시작했다. 모두 빠르게 따라 불렀다.

"리, 리, 리 자로……."

멜로디가 이 노래를…… 마지막으로 들은 건 그날 밤, 차

안에서였다. 사고가 나던 날 밤.

멜로디는 식은땀이 나기 시작했다. 심장이 쿵쿵 뛰었다. 차가운 손이 나타나 멜로디의 목을 조르는 것 같았다. 주변의 모든 것이 사라졌다. 마음이 무너져 내리는 것 같았다.

"저…… 잠깐 자리 좀 비울게요."

멜로디가 자리에서 일어나 서둘러 나가며 말했다. 멜로디는 문으로 돌진해, 어두운 밖으로 나갔다. 아무 생각도 할 수 없었다. 어디로 가는지도 알 수 없었다.

어둠 속을 미친 듯이 달렸다. 머릿속에서 들려오는 노랫소리보다 귀밑에서 두근거리는 소리가 더 커질 때까지 달렸다.

멜로디는 풀밭에 쓰러졌다. 얼굴을 두 손에 파묻었다. 눈물이 멈추지 않았다.

울렁거리던 마음이 점차 가라앉았다. 멜로디는 조금 전 무슨 일이 일어난 건지 생각해 보려고 잠시 앉았다. 악몽에서 막 깨어난 것처럼 멍했다. 노래를 듣고 식당이 빙글빙글 돌기 시작하던 순간을 떠올렸다.

멜로디에게 이런 일이 처음은 아니었다. 뭐든 차 사고를 떠올리면 발작이 일어났고, 자신도 모르게 내달렸다.

한 번은 학교에서 선생님이 지나가는데 진한 향수 냄새가 훅 끼친 적이 있었다. 엄마가 늘 쓰던 향수와 같은 냄새였다. 정신을 차리고 보니 멜로디는 학교에서 400미터나 떨어진 공원에 서 있었다. 얼마나 오래 달렸는지 기억이 없었다.

또 한 번은 아빠와 함께 슈퍼마켓에 갔을 때였다. 지나가는 구급차에서 사이렌 소리가 들렸다. 사고 후에 엄마를 실어 간 구급차랑 같은 소리였다. 정신을 차리고 보니 멜로디는 한 블록이나 떨어져 있는 빵집 뒤 인도에 앉아 있었다.

멜로디의 마음이 진정되려면 보통 몇 분이 걸렸다. 이제 멜로디는 당장 자신이 어디에 있는지부터 알아내야 했다. 스티브와 캐시 이모가 멜로디를 찾고 있을 것이다.

그런데 멜로디가 일어서자 어떤 소리가 들렸다. 낮고 속까지 울릴 만한 으르렁거림이었다.

크흐흐흐흐으으으으.

멜로디는 꼼짝할 수 없었다. 천천히 주변을 둘러봤다.

멜로디는 이제야 조금 전 자신이 어디로 내달렸는지 정확히 알 수 있었다. 멜로디는 오두막의 뒤편, 쓰레기장으로 쓰는 배수로에서 멀지 않은 곳에 와 있었다.

그리고 바로 앞에는, 거대한 불곰이 달빛을 받아 반짝이고 있었다.

눈앞에 나타나다

멜로디 혼자만 불곰을 본 게 아니었다.

언덕 위쪽에서 박수 소리와 함께 어떤 목소리가 들려왔다.

"불곰이다! 쇼가 시작될 거야!"

한 남자가 소리쳤다. 손전등 불빛이 멀리서 곰을 비추고 있었다. 곰은 멜로디에게서 6미터 정도 떨어져 있었다. 불빛 때문에 곰의 눈이 초록색으로 보였다. 그 눈이 멜로디를 뚫어지게 보고 있었다. 멜로디는 움직일 수 없었다. 숨을 쉴 수도, 눈을 깜빡일 수도 없었다.

'침착하자. 침착하자. 침착하자.'

어서 여기를 떠나 오두막으로 돌아가야 한다. 이틀 전 통나무집에서 보낸 평범한 일상으로 돌아가고 싶었다.

하지만 불곰을 본 후, 멜로디의 두 다리는 땅에 붙어 버렸다. 녀석은 소리 없이 멜로디에게 다가오고 있었다. 귀는 뒤로 젖힌 채였다.

스티브를 공격했던 어미 불곰과 비슷한 행동이었다. 이 불곰은 멜로디가 그냥 돌아가게 두지 않을 것이다.

먹이를 지켜야 하니까.

배수로는 멜로디 바로 뒤에 있었다. 쓰레기 냄새와 신선한 음식 냄새가 뒤섞여 있었다. 근무자들이 오늘 남은 음식을 이미 버렸을 것이다. 불곰을 불러들여 '쇼'를 보이기 위한 미끼로 말이다.

환호와 함성이 점점 커졌다. 당연한 얘기지만 사람들은 멜로디가 거기에 있다고 전혀 생각하지 못했다. 사람들의 손전등 불빛은 불곰을 비추고 있었다. 춤을 추는 듯한 불빛들이 불곰의 눈을 찔렀다. 그 불빛들은 결국 불곰의 화를 부추기고 말 것이다.

'그만!'

멜로디는 소리치고 싶었다.

하지만 소리를 내서는 안 된다.

멜로디의 유일한 희망은 쓰러져 죽은 척하는 것이다. 그리고 시간이 빨리 지나가기만을 기도하는 것. 하지만 등에 배낭이 없었다. 두꺼운 등산화도 없었다. 멜로디를 지켜 줄 만한 것은 아무것도 없었다. 가벼운 티셔츠와 반바지만 입고 있을 뿐이었다. 스티브의 다리에 있던 흉터가 떠올랐다.

어떻게 해야 할지 빨리 결정해야만 한다.

'죽은 척하자, 죽은 척하자.'

멜로디는 속으로 말했다.

바로 그때, 커다란 덤불 앞에 있는 소나무가 멜로디의 눈에 띄었다. 불곰이 나무를 오를 수도 있다는 건 알았다. 하지만 대부분 오르지 못한다. 위험을 감수해야 할까?

멜로디는 자신도 모르게 슬리퍼를 벗어 던지고, 나무가 있는 쪽으로 뛰어 갔다. 멜로디가 나무 위로 올라가기 시작했을 때, 불곰은 바짝 쫓아와 있었다. 멜로디가 낮은 곳에 있는 나뭇가지를 붙잡고 다리를 위로 차올리며 휘둘렀다.

너무 늦었다. 불곰이 이미 바로 밑에 있었다. 놈은 빛의 속도로 뛰어올라, 앞발을 멜로디를 향해 휘둘렀다. 발톱이 멜로디의 허벅지를 찔렀고 살점이 떨어져 나갔다. 멜로디는 너무 아파서 숨을 쉴 수 없었다. 하지만 다시 한 번 몸을 끌어올렸다. 불곰이 앞발을 한 번 더 휘둘러 멜로디를 떨어뜨리기 전에 서둘러야 했다.

불곰은 더욱 화가 나 있었다. 녀석이 앞발을 내리치자 가느다란 나무가 흔들렸다.

크허어어어어어엉!

갑자기 한 남자가 소리쳤다.

"잠깐! 나무에 여자아이가 있어!"

환호와 박수가 멈췄다. 순간, 오싹할 정도로 고요해졌다. 들리는 소리라고는 쉬익 하는 불곰의 낮은 숨소리뿐이었다.

한 여자가 소리쳤다.

"아이를 도와야 해요!"

그리고 바로 그때…….

우지끈!

가지가 부러졌고, 멜로디는 어둠 속으로 떨어지고 말았다.

딱, 딱, 딱, 딱

멜로디는 날카로운 소나무 가지에 스치며 떨어졌다. 이리저리 부딪히며 떨어지는 사이 온몸이 가지에 긁히고 찔렸다. 멜로디는 죽을힘을 다해 가지를 붙들었다. 하지만 약한 가지는 손안에서 부러졌다.

멜로디는 덤불 속으로 아주 세게 쿵 떨어졌다. 머리가 땅에 부딪혔다.

멜로디는 고통을 참으며 일어나 앉았다.

크ㅎㅎㅎㅎㅇㅇㅇㅇㅇ.

불곰은 30센티미터 정도 앞에 있었다. 검은색 코와 끝이 반짝거리는 송곳니도 보였다. 멜로디는 곰의 발톱이 자신의 피부를 베고, 곰의 턱이 자신의 뼈를 씹는 순간을 생각하며 마음의 준비를 했다.

멜로디는 떨어질 때 같이 부러졌을 법한 기다랗고 뾰족한 나뭇가지를 하나 꽉 붙잡았다. 그 자리에 앉아서 나뭇가지를 앞으로 내밀었다. 이렇게 작은 막대기라니, 우스꽝스러운 무기였다. 불곰이 보고 비웃는다고 해도 전혀 놀랍지 않았다.

그때 멜로디는 근처 덤불에서 뭔가 바스락거리는 소리를 들었다. 놀란 다람쥐일 것이다.

한편 멀리서 어떤 목소리가 메아리쳤다.

"멜로디! 멜로디! 어디 있니?"

캐시 이모와 스티브였다!

불곰은 멜로디에게 한 발자국 더 다가왔다. 분노로 이글거리는 눈빛이었다. 덥수룩한 털 사이로 근육이 잔물결처럼 드러났다.

한편 덤불 안에서 나는 바스락 소리가 점점 더 커졌다. 처음 듣는 이상한 소리였다.

딱, 딱, 딱, 딱, 딱.

멜로디는 자기도 모르게 막대기를 뒤로 빼 덤불 속으로 찔러 넣었다. 막대기가 무언가를 찌른 것 같았다. 크고 단단한 것이었다. 바로 그때, 덤불 밖으로 뭔가 튀어나와 멜로디와 불곰 사이를 가로막았다. 멜로디는 입을 다물 수 없었다.

거대한 호저였다. 창 같은 날카로운 가시가 바짝 서 있었다. 불곰은 뒷다리로 벌떡 일어섰다. 귀청이 떨어질 만큼 큰

소리로 으르렁거렸다. 분노만 담긴 소리는 아니었다. 아주 높고 거친 게, 울음소리 같았다.

불곰도 두려워하고 있었다.

호저는 '딱, 딱, 딱, 딱' 하며 더 크게, 더 빠르게 울었다.

멜로디의 심장이 요동쳤다.

그 순간에 모든 것이 사라졌다. 자신의 이름을 외치는 목소리. 가까이 다가오는 발걸음 소리. 점점 더 가까이 다가오는 손전등 불빛까지 모두.

그 순간에는 오로지 불곰, 호저, 멜까지 셋뿐이었다.

겁에 질린 생물 셋이서, 자연에서 외롭게 말이다.

멜로디의 상처

저녁 10시쯤

"제 잘못이에요."

캐시 이모의 팔에 안겨 멜로디가 흐느끼며 말했다.

세 사람은 작은 방으로 올라왔다.

스티브는 멜로디의 다리 상처를 소독한 후 붕대를 감아 줬다. 상처는 깊지 않았다. 곰의 발톱이 다행히 근육이나 뼈를 다치게 하지 않았다. 흉터는 남겠지만 스티브처럼 깊지 않을 것이다.

게다가 전혀 아플 틈이 없었다. 멜로디는 그저 착잡하고 화가 났다. 그 화는 자기 자신에게로 향했다.

멜로디의 잘못이었다. 오두막에 있던 사람들 대다수도 같은 생각이었다.

"거기서 뭘 하고 있었대요? 바보같이!"

그렉이 소리쳤다.

멜로디가 아는 스티브는 늘 친절하고 조용했다. 그런데 그 말에 스티브가 그렉에게 주먹을 날렸다.

"그런 식으로 말하지 마. 여기 전부…… 여기서 하는 짓 전부 다 잘못된 거야. 이 애가 죽지 않은 건 기적이라고."

스티브가 고함을 내질렀다. 그렉은 입을 꼭 다물었다. 하지만 캐시 이모의 부축을 받으며 위층으로 올라갈 때 들었던 말은 정말 최악이었다. 아침에 현관 앞 베란다에서 만났던 세 남자였다.

"정말 믿어지지 않아."

콧수염 남자가 말했다.

"여자아이랑 불곰이라니……. 그런데 호저가 나타나 불곰을 겁주고 쫓아 버렸잖아! 이런 쇼는 일부러 만들 수도 없다니까!"

그 남자들은 낄낄거리며 웃었다. 마치 멜로디가 그들을 위해 쇼에 등장한 것처럼. 그 말 때문에 멜로디는 더 심하게 울었다.

결국 캐시 이모가 멜로디의 어깨를 잡아 꽉 안아 줬다.

"괜찮아, 됐어."

캐시 이모의 목소리는 단호했다.

"이 일에 대해 더는 얘기하지 말자. 네 잘못이 아니야. 여기서 일하는 사람들이 불곰에게 먹이를 줬어! 어떻게 그게 네 잘못이니?"

"하지만 제가 밖으로 달려가지만 않았어도……."

캐시 이모가 멜로디의 말을 끊었다.

"아니야."

이모는 손수건으로 멜로디의 눈물을 닦아 주며 말했다.

"그리고 다른 것도……."

캐시 이모는 멜로디의 뺨을 잡고는 친절하지만 단호하게, 눈을 바라보며 말했다.

"그 차 사고. 그것도 네 잘못이 아니야."

멜로디는 울음을 멈췄다. 놀란 눈으로 캐시 이모를 바라봤다.

캐시 이모가 말했다. 목소리는 부드러웠다.

"그래, 네가 그렇게 생각하는 것 알아. 그래서 그때 이야기를 꺼내지 않으려는 것도. 그날 밤 일어난 일을 흘려보내지 못하는 이유도 다 알아."

멜로디는 뒤로 물러나 앉았다.

"어떻게 알았어요?"

캐시 이모가 멜로디의 어깨를 잡고 말했다.

"너를 잘 아니까. 만약 내가 열한 살이고, 엄마가…… 정말 끔찍이도 좋은 엄마가…… 눈앞에서 목숨을 잃었다면 나도 똑같았을 거야. 상황을 이해해 보려고 애썼을 거고, 이유를 알고 싶었을 거야. 그리고 결국 나 자신을 탓했을 거야. 어떤 일의 이유를 알지 못하면…… 그저 사고였다고 생각하는 것보다 자기 자신을 탓하는 게 편하거든."

캐시 이모가 멜로디를 꼭 안았다.

"하지만 그건 네 탓이 아니야. 그렇게 생각하지 마. 네가 자책하며 지내는 걸 엄마가 본다면 뭐라고 할까? 엄마가 얼마나 화를 내겠니?"

멜로디는 불같은 성미를 가진 엄마를 떠올렸다……. 놀랍게도 멜로디는 조금 웃음이 나왔다.

재미있어서가 아니었다. 웃으면 마음도 편해지기 때문이었다. 물속에 오래 있다 밖으로 나오자마자 숨을 깊게 내쉴 때처럼 말이다.

몇 분 후, 스티브가 문을 두드리고 얼굴을 빼꼼 내밀었다.
"별일 없지요?"
스티브가 물었다. 캐시 이모가 멜로디를 쳐다봤다.
멜로디는 고개를 끄덕였다.
캐시 이모는 스티브를 바라보며 말했다.
"그런 것 같네요."

세 사람은 다음 날 아침 그곳을 떠났다. 그러고는 3시가 되기 전에 통나무집에 도착했다.

멜로디는 할아버지에게 불곰과 마주쳤던 일을 말하지 말아 달라고 부탁했다. 캐시 이모는 안 된다고 했다. 하지만 멜로디는 할아버지가 놀라실 거라며 두 사람을 설득했다. 적어도 지금은 안 된다. 멜로디는 다들 집으로 돌아가면 자신이 할아버지와 아빠에게 말하겠다고 약속했다. 하나도 빠짐없이 말이다.

하지만 그래닛 공원 오두막에서 알아낸 것만큼은 당장 할아버지에게 이야기했다. 통나무집은 이제 캐시 이모를 위한 사무실이 됐다. 할아버지의 오랜 타자기에서 들리는 타자 소리가 3일 내내 통나무집을 채웠다.

〈내셔널지오그래픽〉의 편집자가 기사를 기다리고 있었다. 토요일에 기사를 우편으로 보내려고 다 같이 시내로 나갔다.

다들 우체통 앞에 섰다. 캐시 이모는 커다랗고 두툼한 봉투를 멜로디에게 건넸다.

"네가 넣으렴. 전부 네 생각이었잖니."

캐시 이모가 웃으며 말했다.

"같이 넣어요."

멜로디가 말했다. 둘은 한 면씩 잡고 우체통에 봉투를 집어넣었다.

그러고는 그 자리에 잠시 서 있었다. 멜로디는 마음속에서 희망이 차오르는 걸 느꼈다.

하지만 그 희망은 바로 다음 날 사라졌다. 스티브가 통나무집으로 부리나케 달려왔다. 스티브가 전한 소식은 멜로디의 상상 속에서 벌어진 그 어떤 일보다 끔찍했다.

슬픈 소식

1967년 8월 13일 일요일 오후 2시

집 안으로 들어온 스티브는 좀처럼 입을 열지 못했다.

스티브는 의자에 몸을 던진 다음, 그 자리에 한참 앉아 있었다. 충격받은 듯했다. 멜로디, 할아버지, 캐시 이모 모두 그 앞에 모였다. 케빈은 오전 내내 신나게 논 나머지, 낮잠을 자는 중이었다.

멜로디는 스티브의 얼굴을 살폈다. 분노와 슬픔이 뒤섞여 있었다.

스티브가 한숨을 깊이 내쉬었다.

"지난밤 그래닛 공원 오두막 아래 야영장에서 불곰이 사람을 공격했다고 해요. 자정 바로 지나서였나 봐요."

스티브의 목소리가 너무 고요해서 다들 가까이 다가갔다.

"열아홉 살짜리 여자가 목숨을 잃었어요. 불곰이 여자를 침낭 밖으로 끌어냈대요. 같이 온 친구도 한 명 있었는데, 또래 남자였나 봐요. 곰이 그 남자도 물어뜯었대요. 다행히 남자는 살아남았고요."

멜로디는 온몸이 떨렸다. 스티브가 말을 이었다.

"한 시간 후에는 또 다른 공격이 일어났고요. 그 공격으로 여자가 목숨을 잃었대요."

스티브는 꿀꺽 침을 삼켰다.

"그런데 그래닛 공원이 아니었다는군요."

"어디였어요?"

멜로디가 물었다.

"트라우트 호수였어요."

할아버지의 표정이 일그러졌다.

"하지만 거긴 그래닛 공원에서 적어도 16킬로미터나 떨어져 있어. 뭔가 착각한 거 아닌가. 어떤 불곰도 그렇게 빨리는 못 움직여."

스티브가 눈을 감고 숨을 내쉬었다.

"다른 불곰이었대요."

"하지만, 자네, 그런 일은 있을 수 없어. 그건 말이 안 돼. 같은 날 밤에, 젊은 여자가 둘씩이나 그것도 다른 불곰의 공격으로 죽었다고?"

할아버지가 말했다.

"맞아요, 어르신. 하지만 그런 일이 일어났어요. 일어났더라고요. 오늘 관리인에게 들었거든요. 지금 불곰을 사냥하러 갔어요."

스티브가 말했다. 멜로디는 주먹을 꼭 쥐었다. 어지러웠다.

할아버지가 천천히 몸을 일으켰다.

"좋아, 결정했다. 최대한 빨리 여기를 떠나자꾸나. 여긴 안전하지 않아."

할아버지가 말했다. 할아버지의 목소리가 조금 갈라졌다. 그날 차 사고 이후, 엄마가 떠났다는 사실을 멜로디에게 전해 줄 때랑 같았다.

화요일 아침이 됐다. 그사이 짐을 전부 싸서 차에 싣고 통나무집을 청소했다. 스티브도 찾아와서 모두에게 작별 인사를 했다. 스티브는 이곳에 남는다고 했다. 관리인들이 도움을 요청했기 때문이었다.

"관리인들은 이제 여기에 큰 변화가 필요하다는 걸 깨달았어요. 몇몇 야영장을 청소하기 시작했어요. 이제 더 많은 것을 하게 될 거라고 해요. 이제 시작인 셈이죠."

스티브가 말했다.

"잃은 걸 생각하면…… 젊은 여자들이 불쌍하구나."

할아버지가 말했다.

두 여자 모두 열아홉 살이었고, 대학교 신입생이었다. 또한 글레이셔에서 자원봉사를 하기도 했다. 엄마와 캐시 이모가 대학 때 했던 것처럼 말이다.

"불곰은요? 곰들은 잡았대요?"

캐시 이모가 물었다.

"그래닛 공원의 불곰은 새끼 곰 두 마리의 어미였대요."

스티브가 고개를 끄덕이며 말했다.

"관리인들이 총으로 그 불곰을 쐈다고 해요. 발바닥이 완전히 찢어져 있었는데 유리 조각 때문이었을 거예요. 엄청 아팠을 텐데."

"다른 불곰은? 트라우트 호수의 불곰은?"

할아버지가 물었다.

스티브는 잠시 고개를 떨궜다. 멜로디는 스티브가 뭐라고 할지 알 것 같았다.

"여기에 찾아왔던 불곰이었어요. 확실해요. 허약해 보일 정도로 깡마른 녀석이요. 역시 쏴 버렸다네요. 그 불곰도 고통받고 있었어요. 이빨에 온통 유리 조각이 박혀 있었대요."

늙은 말라깽이.

당연히 불곰은 괴물이 아니었다. 그저 고통에 몸부림치던 동물일 뿐이었다.

스티브는 작별 인사를 하며 몇 주 안에 집에 들르겠다고 했다.

한 시간 후, 멜로디네 식구가 탄 차는 통나무집을 떠났다. 캐시 이모의 자동차가 뒤따랐다. 이모는 위스콘신에서 멜로디네 식구와 함께 일주일 정도 더 머물 예정이었다.

멜로디는 고개를 돌려 천천히 멀어지는 맥도널드 호수가 멀리 청록빛 가느다란 줄로 보일 때까지 바라봤다. 멜로디는 창문을 열고 소나무의 달콤한 향기를 들이마셨다. 새들이 노래했다. 마치 잘 가라고 인사하는 것 같았다.

멜로디는 휘파람으로 작별 인사를 했다.

혹시 모르니까.

혹시라도 글레이셔에 다시는 못 오게 될지도 모르니까.

시간이 흐르고

1년 후, 1968년 8월 5일

"다 왔다!"

아빠가 통나무집으로 가는 흙길로 차를 몰며 말했다. 차가 완전히 멈추기도 전에 케빈은 문을 활짝 열어젖히고 물가로 달려갔다.

"기다려라!"

할아버지가 휘청휘청 케빈을 쫓아가며 불렀다.

멜로디도 차에서 내렸다. 그리고 깊게 숨을 들이마셨다.

아빠가 다가와 멜로디의 어깨에 손을 둘렀다.

"다시 오니 좋구나."

그대로였다. 언제나처럼 똑같았다. 커다란 현관이 있는 아늘한 통나무집도 그대로였다. 소나무도, 맥도널드 호수도, 오후의 태양에 반짝이는 연파랑 물빛도 그대로였다.

모든 것이 똑같아 보였다. 하지만 글레이셔에는 많은 변화가 있었다. 관리인들은 스티브의 조언을 모두 받아들였다. 또한 관리인들은 〈내셔널지오그래픽〉에 실린 '8월의 비극적인 하룻밤이 국립 공원을 영원히 뒤바꾸다'라는 캐시 이모의 특종 기사도 읽었다.

두 여자의 죽음이 글레이셔 국립 공원뿐 아니라 미국의 다른 국립 공원들까지 변화시켰다. 야영장은 깨끗하게 정돈됐다. 그래닛 공원 오두막에는 거대한 쓰레기 소각장이 새로 설치됐다. 관리인 그렉은 떠났다. 산책로를 순찰하는 관리인들이 늘었고, 말썽 일으키는 곰을 신고하면 즉각 대책을 세웠다. 공원을 방문하는 사람들에게는 야영 및 산행에 대한 기나긴 규칙을 안내했다. 쓰레기나 음식물을 야영장에 절대 남길 수 없으며 야생 동물에게 먹이를 주면 안 됐다.

자연을 존중하는 것.

야영객과 산행객 일부는 규칙을 따랐고, 또 일부는 따르지 않았다. 사람들이 어떻게 행동해야 자연을 존중하는 건지 이해하기까지 몇 해가 걸릴 것이다. 하지만 멜로디가 느끼기에 적어도 희망은 있었다.

  핫도그와 콩 요리로 간단히 저녁을 먹은 후, 넷은 호숫가로 향했다.
  할아버지와 케빈은 모닥불을 피웠고, 멜로디와 아빠는 물가를 산책했다. 어깨를 나란히 하고 걸으며 호수를 바라봤다.
"엄마가 여기를 정말 좋아했지."
아빠가 말했다.
"알아요. 우리더러 호수에 뛰어들라고 얼마나 그랬게요?"
멜로디가 대답했다.
"화재 감시탑 꼭대기까지 올라가 보라고는 또 얼마나 이야기했니?"
"엄마가 어느 날 오후에 송어 네 마리 잡았던 것도 기억하죠?"
"그리고 여름 내내 자랑했던 것도?"

아빠와 멜로디는 함께 웃었다. 이제 둘은 늘 엄마 이야기를 한다. 이제 멜로디는 심장이 찢어지는 슬픔이 밀려와도 방에 홀로 틀어박히지 않는다. 아빠를 찾거나 할아버지, 아니면 친구를 찾는다.

"멜로디 누나! 아빠! 마시멜로 구웠어요!"

케빈이 꽥꽥하고 소리쳤다.

"알았어, 케빈!"

멜로디가 소리쳐 대답했다.

"엄마보다 더 대장 노릇을 하려고 한다니까. 가능할지 모르겠지만."

아빠가 머리를 절레절레 흔들며 웃었다.

불이 피어오르는 동안, 할아버지는 이야기를 들려주기 시작했다. 케빈은 새 장난감을 꼭 쥔 채로 할아버지 무릎에 바싹 파고들었다. 캐시 이모만이 찾을 수 있던, 배 나온 호저 인형이었다.

멜로디는 가족을 둘러봤다. 눈물이 고이기 시작했다. 엄마가 정말 그리웠다. 멜로디는 가족이 다시 여기에 온 걸 알면 엄마가 얼마나 기뻐할지 알 것 같았다.

멜로디는 울음을 참지 않았다.

스티브의 말이 맞았다. 참기만 하는 건 좋은 방법이 아니었다. 슬픔으로부터 도망치는 건 불곰에게서 도망치는 것과 비슷했다. 둘 다 멜로디를 계속 쫓을 것이고, 결국 멜로디를 따라잡을 것이다.

멜로디는 이제 더는 도망치지 않을 것이다.

작가의 말

불곰 사건을 쓰게 된 이유

제가 이 책을 쓴 후, 혹시 창밖에 불곰이 있나 경계하며 반려견 로이와 책상 밑에 숨어 있다고 생각할지도 모르겠습니다. 하지만 제가 사는 곳에는 불곰이 없답니다.

그보다 더 중요한 사실은, 불곰은 두려운 존재가 아니라는 겁니다. 불곰은 잔인한 동물이 아닙니다. 인간에게 끊임없이 서식지를 위협당하고 있을 뿐 불곰은 매력적인 동물입니다. 이 책은 사나운 동물이 인간을 공격한 사건을 다룬 게 아닙니다. 인간이 자연을 존중하지 않으면 무슨 일이 벌어지는지를 다루고 있습니다.

2년 전쯤, 저는 글레이셔 국립 공원에 들렀다가 1967년에 일어난 불곰의 공격에 대해 처음 들었습니다.

아름답기로 유명한 이 국립 공원에 가 보는 건 제 오랜 꿈이었습니다. 몬태나주에 위치한 글레이셔 국립 공원은 '빙하'를 뜻하는 '글레이셔'라는 이름에서도 알 수 있듯이, 만년설과 빙하로 가득 차 있습니다. 남편과 저는 3일 일정으로 탐사 겸 산행을 하기로 했습니다.

관리소에 있는 서점에 갔는데,《그리즐리 불곰의 밤》이라는 책이 눈에 띄었습니다. 〈내가 만난 재난〉 시리즈의 작가로서 저는 항상 책을 위한 아이디어를 찾고 있답니다. 저는 그 책을 재빨리 집어 들었습니다.

글레이셔 국립 공원에서 휴가를 보내면서 불곰이 공격하는 이야기를 읽는 게 현명한 행동이었을까요? 잘 모르겠습니다. 하지만 몇 장 읽자마자 〈내가 만난 재난〉 시리즈의 주제로 삼아야겠다는 생각이 들었습니다.

늘 그렇듯 이 이야기를 만들기 위해 자료를 어마어마하게 조사했습니다. 책을 스무 권 넘게 읽었습니다. 시각 자료도 보고, 사진과 지도를 보며 공부했습니다.

또한 실제로 사람이 불곰에게 공격받은 사례들도 찾아

봤습니다. 대부분은 자기도 모르게 야생에 사는 불곰을 놀라게 한 경우가 많았습니다. 일부는 사진을 찍거나 자세히 보기 위해 일부러 불곰에게 다가가기도 했습니다.

여러분이 이 책을 읽고 불곰을 두려워하게 되지는 않았으면 좋겠습니다. 여러분 스스로 더 알고 싶도록 호기심에 불을 붙이는 게 제 역할이라고 생각합니다. 이 책이 자연과 그곳에 사는 동물들을 보호하는 데에 관심을 갖는 계기가 되었으면 합니다.

그리고 일생에 한 번쯤은 글레이셔 국립 공원에 가 보길 추천합니다. 정말 황홀한 곳입니다. 불곰을 볼 수 있을지는 모르겠습니다. 운이 좋다면 멀리, 안전한 곳에서 잠깐이라도 볼 수 있을 겁니다.

-로렌 타시스

▲ 1960년대까지 국립 공원에서 사람들은 종종 야생 동물에게 먹이를 줬다. 지금은 엄격하게 금지하고 있다.

한눈에 보는 재난 이야기 ①

1967년 8월, 글레이셔에서는 무슨 일이 있었나?

불곰의 공격은 사고였을까?

1967년 8월, 글레이셔 국립 공원에서 불곰이 사람을 공격하는 충격적인 일이 벌어졌다. 안타깝게도 이 공격으로 야영장 텐트 안에서 자고 있던 젊은 여성 2명이 목숨을 잃었다.

하지만 과학자들은 사람을 공격한 불곰을 '탓할' 수 없다고 말한다 (물론 두 여성의 탓도 아니다). 오랫동안 쓰레기통이나 공원에 버려진 음식을 먹으면서 곰의 행동 양식이 변했고, 더 이상 곰이 사람을 두려워하지 않게 되면서 생긴 일이라고 설명했다.

그러나 당시에 이 사건을 접한 사람들은 충격에 빠졌고, 심지어 어떤 사람들은 미국 곳곳에 사는 불곰을 전부 쏴 죽여야 한다고 주장했다. 다행히 그런 일은 벌어지지 않았다. 대신에 공원 관리인들은 불곰과 사람 모두가 안전하려면 글레이셔 국립 공원뿐 아니라 미국의 국립 공원 전체에 변화가 필요하다는 사실을 깨달았다. 공원 관리인들은 공원을 청소하기 시작했다. 아무리 똑똑한 불곰

▲ 글레이서 국립 공원에 나타난 불곰 어미와 새끼 두 마리.

이라도 쉽게 열 수 없는 쓰레기통을 설치하고, 사람들이 야영할 때 지켜야 할 규칙도 만들었다. 곰을 불러들이지 않는 방향으로 야영장을 고쳐 나간 것이다.

하지만 오늘날 국립 공원은 또 다른 위협을 마주하고 있다. 너무 많은 사람들이 방문하는 것이다. 국립 공원은 엄청난 쓰레기와 소음, 자동차 · 오토바이 · 캠핑카에서 나온 오염 물질로 고통받고 있다.

불곰을 보려면 왜 국립 공원에 가야 할까?

1700년대 이전에는 북아메리카 전역에 그리즐리 불곰 수만 마리가 돌아다녔다. 하지만 사람들에게 수없이 사냥당하면서, 1960년대에는 1,000마리 정도만 남았다. 미국 정부는 불곰을 보호하기 위해 1975년에 멸종 위기종으로 지정했다. 과학자들은 불곰의 수를

▲ 알래스카주 카트마이 국립 공원에 사는 불곰이 연어를 잡아먹고 있다.

늘리기 위해 애썼고, 그런 노력 덕분에 42년 만에 멸종 위기종에서 해제됐다.

미국 정부는 보존할 만한 가치가 있는 자연을 '국립 공원'으로 지정했다. 그곳에선 많은 동식물이 야생의 모습대로 살아가고 있다. 불곰 또한 이곳에 산다. 사람들이 불곰을 보기 위해 국립 공원을 찾는 까닭이다.

산에 갔을 때 불곰을 피하려면?

매년 수백만 명의 사람들이 글레이셔 국립 공원과 옐로스톤 국립 공원 같은 곳을 방문한다. '불곰이 사는 지대'를 거쳐 산행하지만, 곰이 공격하는 일은 드물다. 오히려 산책로에서 걷다 넘어지거나 벌에 쏘여 다치는 경우가 더 흔하다.

자연을 불곰과 나눠 쓰려면 당연히 따라야 할 중요한 규칙이 있다. 곰으로부터 안전을 지키기 위한 기본적인 것들이다.

여러 명이 함께 산행해야 한다. 3명 이상이 바람직하다. 산행할 때 큰 소리로 말하고, 노래하고, 손뼉 치는 등 소리를 내는 게 좋다. 휘파람은 다른 동물의 소리와 비슷해서 곰을 유인할 수 있으므로 피해야 한다. 벨 소리 역시 좋지 않다.

산행을 시작하기 전에 경고 사항을 꼭 확인한다. 공원 관리인에게 곰이 나타난 적 있는지 물어보고 조언을 따른다. 나무둥치가 크거나 주변이 잘 보이지 않는 장소는 주의해야 한다. 물이 빠르게 흐르는 곳으로 갈 때는 특히 큰 소리를 내야 한다. 물 근처에서는 곰이 누군가 다가오는 소리를 듣지 못할 수 있다.

▲ 이제 국립 공원 방문객들은 야생 동물의 위험을 분명하게 알리는 경고판을 볼 수 있다.

근처에 발자국이나 똥처럼 곰의 흔적이 있는지 잘 살핀다. 곰을 발견하는 즉시, 곰으로부터 멀리 떨어져야 한다. 가까이 가면 곰이 놀랄 수 있으니 절대 다가가지 않는다. 어두울 때, 동틀 녘, 해 질 녘에는 산행을 피해야 한다. 곰이 가장 활발하게 움직이는 시간대이기 때문이다. 어디로 가고, 언제 돌아올지 일행에게 꼭 알린다.

불곰을 마주치면 어떻게 해야 할까?

아마 그럴 일은 없을 것이다. 불곰을 보는 건 매우 드문 일이기 때문이다. 또한 여러분은 불곰이 사는 지대에서 산행이나 야영을 할 때 지켜야 할 규칙을 알기 때문에 그럴 가능성은 더 적다. 하지만 만약을 위해 전문가들이 말한 방법 몇 가지를 알아보자.

대부분 곰은 먼저 공격하지 않으므로 조용히 있어야 한다. 가장 중요하지만 따르기 어려운 일이다. 그리고 뛰지 말아야 한다. 불곰도 쫓아서 뛰기 때문이다. 곰에게 눈을 떼지 말아야 하지만, 눈을 똑바로 바라보면 안 된다. 곰을 마주한 상태로 천천히 걸어가야 한다. 그리고 불곰이 여러분을 인간으로 인식할 수 있도록 낮고 침착한 목소리로 말해야 한다.

불곰이 여러분을 따라오고 있다면 나무에 오르는 건 확실한 방법이 아니다. 어떤 불곰은 나무에 오를 수 있다!

때로 곰이 여러분에게 달려올 수 있다. 겁주려는 것이다. 하지만 이 때도 절대 달리면 안 된다. 곰은 대부분 아주 가까이 다가오기 전에 달려오는 걸 멈춘다.

하지만 곰이 계속 다가온다면 가까이 오기 전에 땅에 엎드린다. 땅에 배를 깔고, 두 손을 목뒤에 깍지 낀 채로 죽은 척한다. 단, 등을 보호하기 위해 배낭은 계속 메고 있어야 한다. 곰이 여러분을 굴리지 못하도록 발가락과 팔꿈치를 땅에 파묻어야 한다. 곰이 여러분을 굴리면 배를 땅에 대는 자세로 재빨리 돌아간다.

그리고 조용히 움직이지 않는다. 곰은 재빠르게 공격하지만, 상대가 위험하지 않다는 느낌이 들면 멀리 가 버린다. 곰이 떠날 때까지 되도록 그 자세를 유지한다. 너무 금방 움직이면 곰이 근처에 있다가 다시 공격할 수 있다.

한눈에 보는 재난 이야기 ②

우리나라는 야생 동물에 안전한가?

우리나라에는 야생 곰이 얼마나 있을까?

그리즐리 불곰은 북아메리카 지역에만 살아서 '아메리카 불곰'으로도 불린다. 이와 달리, 우리나라에 주로 서식하는 곰은 반달가슴곰이다. 반달가슴곰은 몸 전체에 검은색 털이 있고, 가슴에 이름처럼 반달 모양의 흰색 무늬가 있다. 주로 높고 험한 지대, 바위가 많은 산이나 숲에 산다. 발톱이 날카로워 나무에도 잘 오른다. 원래 반달가슴곰은 한반도 전역에 많이 살았으나, 현재는 멸종 위기종으로 분류돼 있다. 결정적인 이유는 일제 강점기에 벌인 '해수구제' 사업 때문이다. 사람을 해칠 수 있는 위험한 동물을 잡아들인다는 빌미로, 한반도에서 사라진 많은 야생 동물 중 하나가 바로 반달가슴곰이었다. 여러 해 동안 반달가슴곰 1,000마리가 넘게 포획되면서 개체 수가 급격히 줄었다.

국립환경과학원에 따르면, 1997년부터 2000년도까지 지리산과 설악산-점봉산, 오대산-계방산-양양, 태백산 등 총 7곳에 반달가슴곰 21마리가 살고 있었다. 한때 개체 수가 5마리 내외로 줄면서 멸종 직전까지 갔으나 2004년부터 복원 사업이 시작되어 개체 수가 조금씩 늘고 있다. 복원 사업 초기에는 자연으로 돌려보낸 곰들을 모두 추적할 수 있었지만, 개체 수가 점점 많아지면서 현재는 일부만 추적이 가능한 상태다.

야생 곰이 사람 앞에 나타나는 이유

2014년 6월 8일, 지리산 방문객들이 대피소에서 반달가슴곰에게 공격을 받는 일이 발생했다. 음식 냄새가 곰을 끌어들인 탓이었다. 평소에 방문객들이 먹다 남은 음식물을 쓰레기통에 버리면서 곰이 접근하는 경우가 있었는데, 이를 막기 위해 관리소는 쓰레기통을 철사로 동여맸다. 그러자 먹이를 구하지 못한 반달가슴곰이 음식 냄새를 따라 대피소까지 나타난 것이다.

야생에 사는 반달가슴곰이 처음으로 사람을 공격한 사건이었다. 이 사건 후로 우리나라에서도 방문객이 자주 오가는 곳에 야생 곰에 대한 주의와 관리가 필요하다는 인식이 생겼다.

야생 동물을 만나면 어떻게 해야 할까?

야생 곰 외에도, 환경부가 지정한 유해 야생 동물 중에 멧돼지가 있다. 산에서 멧돼지와 마주칠 경우, 눈을 쳐다보며 천천히 움직여 가까운 나무나 바위 뒤로 몸을 피해야 한다. 절대로 뛰거나 소리쳐서는 안 된다. 등을 보여도 안 된다. 상대가 겁을 먹은 것으로 생각해 공격할 수 있기 때문이다.

산에서 벌에 쏘이는 사고도 잦다. 벌은 달달한 냄새에 이끌리므로 달콤한 음식은 밀봉해 두는 게 좋다. 말벌은 천적이 띤 검은색을 공격하므로 산에 갈 때는 밝은 색상의 옷을 입어야 한다. 긴 옷을 입는 것이 벌을 피하는 데 좋다.

벌에 쏘였을 때는 카드처럼 딱딱한 물건을 이용해 피부에 있는 벌침을 제거한 다음, 물린 부위를 깨끗한 물로 씻는다. 얼음찜질을 하면 통증을 줄일 수 있다. 벌의 독에는 알레르기를 일으킬 수 있는 물질이 있으므로, 증상이 심해지면 병원을 찾아야 한다.

최근에는 산에서 들개를 만나는 일도 늘고 있다. 집에서 키우다가 버려진 개들이 들개로 변하면서 들개 수가 크게 늘어났기 때문이다. 들개와 마주쳤을 때는 거리를 두고 주시하면서 들개가 경계를 풀 때까지 기다려야 한다. 무작정 다가가면 도망가거나 공격당할 수 있으니, 일정한 거리를 둔 채 낮은 자세를 취한다. 들개가 안정을 취하고 있으면 천천히 그 지역을 벗어난다. 들개에게 눈을 떼어서는 안 되고, 등을 보여서도 안 된다.